災害と生きる日本人

中西　進　磯田道史

潮新書
022

潮出版社

第1章　天災と人災の中で　11

第3章　人生観の歴史　93

第5章 人間たらしめるもの
～「知性」と「理性」と「悟性」～ 183

第1章 天災と人災の中で

「震災後」ではなく「災間」を生きる日本人

磯田　僕の母方の家系は徳島県の牟岐《むぎ》という港町から出ています。一九四六年、当時二歳だった母は昭和南海地震[*1]の津波で行方不明になりました。牟岐では代々「大地震が起きたら山へ逃げろ」と言い伝えられていたのですが、皆で裏山へ逃げたら僕の母だけがいません。幸い母は、どうやって裏山へ逃げ登ったのか、日の出と共に、にこにこ笑って、よちよち山から自分で歩いて下りてきたのだそうです。ですから僕は「南海トラフ地震と津波は先祖代々の仇だ」と考えて、歴史津波も研究しているのです。

中西　磯田さんはかつて茨城大学に勤めていらっしゃいましたが、東日本大震災の翌二〇一二年、浜松の静岡文化芸術大学に転勤しています。勤め先を変えたのは、ひょっとして南海トラフ地震や東日本大震災と関係していますか。

磯田　東日本大震災が起きたあと「年をとってから防災に関する歴史の本を書いても、そのときは間に合わないのではないか」と、はたと気づきました。南海トラフが次に動いて巨大地震が起きたとき、想定される死者数が一番多いとされるのが浜松です。そこで家族揃って浜松に移住し、古文書を探して四年間、現地を歩き回りました。

火山列島であり、震災大国である日本は、歴史を通じてつねに大震災や津波に襲われ続けています。その日本の陸地面積は、地球上のすべての陸地の〇・二四％でしかありません。

中西　統計を調べてみましたら、ロシアの陸地面積は世界の一一・五％、カナダは六・七％、中国やアメリカは六・五％、ブラジルは五・七％です。日本がいかにちっぽけな国かがわかります。

磯田　にもかかわらず、日本と周辺海域で起きる地震は、世界で起きるすべての地震の五分の一に達するのです。

これだけ狭い国土で世界の二割の地震が起きているということは、つまり日本人

＊1　昭和南海地震　一九四六年十二月に西日本で発生した南海トラフ地震（マグニチュード八・〇）。最大四～六メートルの津波が起こり、一三三〇人が死亡、一万一五九一戸の家屋が全壊した。

は他の地域の数千倍の確率で地震に遭うわけです。

私たちは「東日本大震災後」を生きているのではなく、「災間」（災いと災いの間）を生きているのです。

「無い」ことのつらさと「有る」ことのありがたさ

磯田

和辻哲郎《わつじてつろう》＊2は『風土　人間学的考察』（岩波文庫）という著作の中で日本人の性格を台風に喩えました。

モンスーン（季節風）が吹いて四季がくっきり分かれる風土で暮らす日本人は、一時の突発的感情によって行き過ぎることが多いというのです。非日常的なことが起きたときにはとても盛り上がるが、風が行き過ぎるとすぐに静かな生活に戻ってしまう。これが日本人の特徴だというのです。

このような一過性があるとすれば、防災対策には、ちと、向きません。私たちは「災間」を生きているのです。それを自覚し、いまから次に起きる震災への防災減災対策を打ったほうがいい。

中西　大きなスパンの中で東日本大震災からの時間を考えるのは、貴重なことだと思います。日本人は忘れやすいと言われています。しかし、「忘れ形見」という言葉があるくらいでして、「忘」という字には「残す」という意味もあります。目に見えるものは忘れてしまっても、本質的で大切な事柄は記憶にしっかりと残す。震災や津波のように自分にとって不利益なことであっても、必ず記録として残していく。これは日本人の特性ではないでしょうか。

じつは日本を代表する花の一つに椿がありますが、椿はもともと熱帯の植物ですから、脂肪分や熱エネルギーがたくさんあって長持ちします。それに対して桜は春の一時期だけパッと咲いてパッと散ってしまいますが、日本人はかえって桜に永遠性を見出しましたね。平安時代の内裏には「左近の桜」と「右近の橘」[*3]を並べて植

＊2　和辻哲郎
一八八九〜一九六〇。哲学者・倫理学者・文化史家。著作に『ニイチェ研究』など。

＊3　「左近の桜」と「右近の橘」
平安京の正殿「紫宸殿」に植えられた桜と橘。桜は最初梅だった。紫式部『源氏物語』にも記述が見られる。

え、姿を変えながらも確実に残っていく永遠性を愛でました。

磯田　桜は必ず散ってしまう。「無い」という状態を知っているからこそ、「有る」ことがありがたい。日本人はさまざまな記録を書き残し、震災と津波によって亡くなっていった人たちの記憶を後世に伝えてきました。自分たちが「災間」を生きていることを自覚し、災害の記憶を必死で伝承してきたわけです。

日本人は忘れやすいですね。それはよいことでもありますが、困ったこともあります。そういう日本人が、東日本大震災の悲惨な経験によって「自分たちはいつ震災と津波に襲われてもおかしくない」ことに気づきました。震災によって多くの人が「無い」ことのつらさを痛いほど思い知り、同時に「有る」ことのありがたみに気づいたのです。

戦国武将がこしらえたテトラポッド

磯田　村上鬼城《むらかみきじょう》*4が詠んだ〈生きかはり　死にかはりして　打つ田かな〉という俳句を見たとき、僕はこの国らしいあらわしだと感じました。自分一人の人生だけを考えるのではなく、親子代々生まれたり死んだりしながら田んぼを耕し続けるさまを見て、鬼城の口から、こんな句がぽっと出た。

中西　種田山頭火《たねださんとうか》[*5]の〈街はづれは墓地となる　波音〉も死を「状態」として相対化した俳句です。日本の俳人は、欧米の詩人とは違った独特の死生観を歌に詠んできました。

磯田　人間は死から免れることはできませんし、日本に住んでいる限り災害から逃れることはできません。

中西　「災害は悪である」「災害をゼロにする」と考えている限り、防災対策はうまくいきません。すでに起きてしまった災害を「生かす」と考えてはどうでしょう。武田信玄[*6]は水害が相次いだ釜無川や笛吹川に「信玄堤」と呼ばれる独特の堤防を築き、洪水をうまく防ぎながら、一方で田んぼの用水路を整備していきました。「災害を

＊4　村上鬼城
一八六五～一九三八。俳人。正岡子規や高浜虚子に教えを乞いながら句を学び、大正期に活躍。

＊5　種田山頭火
一八八二～一九四〇。俳人。禅僧として出家し、全国各地を放浪しながら多くの句を詠む。「自由律俳句」の作風で知られる。

無くす」のではなく、「災害を生かした」典型例です。

木で造ったテトラポッドのような障害物を川底に置き、頭だけを水面に突き出しておく。これは「聖牛」と呼ばれる防災設備です。「聖牛」を置いておけば、激しい水流のエネルギーを分散できます。聖なる天の水に尊敬の念をもちながら、災害をうまく避ける。戦国武将は驚くべき智慧を働かせ、民衆を守りました。

寺田寅彦の『天災と国防』

磯田　僕は「防災」という言葉よりも「減災」という言葉のほうが好きなのですよ。災害を完全に防ぐことは無理ですしね。「天災は忘れたころにやって来る」という名言を残した寺田寅彦《てらだとらひこ》[*7]は、『天災と国防』（講談社学術文庫）という著作を書いています。

人間は災害の被害を小さくはできても、天災の発生そのものをコントロールできません。一方、国防は一〇〇％人間ごとですから、人間の叡智で発生自体がコントロール可能なはずです。国防とは一見対照的な天災を並べて論じたのが、寺田のおもしろいところです。

日本人はつねに天災にやられ続けてきましたから、天災が起きること自体は防げない。ならば柔道の如く天災を受け流したり受け入れたり、はたまた天災を生かして「信玄堤」のようなものを造り上げてきました。

ひるがえって世界の政治はどうでしょう。発生を防げるはずの戦争対策には巨額の予算がつくのに、発生を防げぬ天災対策にはなかなか予算がつきませんね。政治家は「天災は忘れたころにやって来る」という言葉をあらためて嚙みしめ、直すべきではないでしょうか。

中西 『天災と国防』に関連して言うと、私は戦争は災害、それも「権力災害」だと思います。私が過去に経験した最大の災害は、戦争でした。私は戦時中広島に暮らし

＊6 武田信玄 一五二一〜一五七三。甲斐国の戦国武将。氾濫する釜無川や笛吹川に対処するため、堤防のインフラ整備にも尽力した。

＊7 寺田寅彦 一八七八〜一九三五。物理学者・随筆家。東日本大震災発災後、関東大震災後に書かれた寺田の著作『天災と国防』が再注目された。

ていまして、原爆が落とされる二年前に東京に引っ越しています。ですから私の同級生は原爆で大勢死にました。米軍機から機銃掃射も受けています。敗戦直前の東京なんて、あたりにはゴロゴロ死体が転がっていたものです。焼夷弾の空襲を受けて窒息死する人が多く、多くの遺体には外傷はありませんでした。

ものすごい爆風を受けた死体は、服が引き剝がされて丸裸になってしまいます。「真っ黒な煤にまみれた蠟人形」としか形容しようがない遺体が大量に転がる、それは身の毛のよだつ光景でした。

磯田 戦争がこのような悲惨な結果を引き起こすことを、当時の権力者や外交官が知らなかったはずはありません。第一次大戦を見ていますから。

中西 外交の最終手段が戦争であって、話し合いが一切成立しなくなったときに国家は戦争を始めます。やむなき非常手段として戦争を始めたどころか、権力者や外交官は寛容と愛の精神をはなから捨ててしまった。太平洋戦争はまさに「権力災害」です。『戦争と平和』という歴史小説で有名なトルストイ[*8]は兵隊としてクリミア戦争[*9]に参加し、その体験を『五月のセヴァストーポリ』という小説に書いています。その中で彼は「外交官が解決できなかった問題が、火薬と血で解決されるわけもない」

と言いました。

　愚かなことに、一五〇年前から権力者は外交の失敗を戦争で補ってきたのです。戦争を「権力災害」ととらえると、寺田寅彦が天災と国防を二つ並べて語ったのはうなずけます。

天災の死者数と戦争の死者数

磯田　あるとき茨城大学の学生を連れて、近くの農村を歩き回っていたら、ある小さな集落で珍しい墓地を見つけました。そこでは近代に入ってから日清戦争で死んだ人、

＊8　レフ・トルストイ
一八二八〜一九一〇。ロシアの小説家。大著『戦争と平和』『アンナ・カレーニナ』『復活』のほか、『イワンの馬鹿』『人生論』など、その作品は世界中から今も愛される。

＊9　クリミア戦争
一八五三〜五六年。エルサレムに侵攻しようとしたロシア軍に対抗し、トルコ・イギリス・フランス・サルデーニャ王国（現在のイタリアの一部）の連合軍がロシアを打ち破った。

日露戦争で死んだ人、昭和の戦争で死んだ人を分けて、その集落で死んだ人の名前を碑《いしぶみ》に刻んでいたのです。
太平洋戦争に至り、兵器の殺傷能力が飛躍的に増大し、戦場に動員される兵士の人数が激増していることは一目瞭然でした。僕はあわてて家に帰って、これまで天災によって死んだ人の数と、戦争で死んだ人の数を足し算してみました。

中西 戦争で死んだ人の数のほうが、はるかに多いでしょう。

磯田 ええ。過去わずか一五〇年だけで、なんと天に殺された人の数よりも、人が人を殺した数のほうが圧倒的に多かったのです。このまま人間が技術と智慧を高めていったとき、果たして人間が人間を殺す数が激減する日はやってくるのでしょうか。人災である戦死者が天災の死者を下回る時代は、いったいいつになったら訪れるのか。僕は考えこんでしまいました。

中西 第二次世界大戦だけで、日本人は三〇〇〇万人以上も死んでいます。天災死者は伊勢湾台風[*10]でも約五〇〇〇人。福井地震[*11]でも約三七〇〇人。天災は悲惨ではありますが、じつは人間のほうが天よりもはるかに残酷です。いつか天よりも人を殺さなくなったとき、人間は天に一歩近づいたと言えるのではないでしょうか。

「地震・雷・火事・親父」

中西　昔から「地震・雷・火事・親父」と言いますでしょう。「地震・雷」は天災、「火事・親父」は人災です。万葉集には〈君が行く道のながてを繰《く》り畳《たた》ね焼き亡《ほろ》ぼさむ天《あめ》の火もがも〉（巻十五―三七二四）という歌があります。

愛する人が流刑に遭うのを憤って、「あなたが行くこの道をクルクル巻いて、火をつけて燃やしてしまう天の火がほしい」という意味ですが、「天の火を災という」と中国の古典（『左伝』）にあります。「火」とは人間の起こす火。つまり人間の誤っ

＊10　伊勢湾台風
一九五九年九月に発生。和歌山県に上陸後、紀伊半島や東海地方を中心に甚大な被害をもたらす。伊勢湾周辺では、高潮による家屋浸水被害が続出。死者・行方不明者五一〇一人。

＊11　福井地震
一九四八年六月に発生。マグニチュード七・三、最大震度六。死者三七六九人に及び、三万五四二〇戸が倒壊。極めて震源が浅い直下型地震であり、被害が福井平野に集中した。

磯田　た裁きを天の火によって正してほしいという歌です。

中西　ましてやお父さんの気まぐれなんてなおさらですね（笑）。

磯田　中学一年生の英語の授業で、「it」は天候をあらわす言葉だと習いましたよね。「It is sunny.」（晴れです）の主語「it」は日本語に翻訳する言葉が特にないので、皆さん困惑したのではないでしょうか。

中西　天候をあらわす英語「it」は、要するに「何ものか」ですよね。大正時代の日本では女性のエロスを「it」と言ったそうです。

磯田　エロスもまた「明確に言葉にできない何ものか」です。

中西　泉井久之助《いずいひさのすけ》*12さんは、「it」に当たる言葉は世界中いろいろなところにあると指摘しました。中国や日本では、どうやら「it」は「天」に該当するようです。

ビートルズは「Let it be」（直訳すると「あるがままに任せよ」という意味）という名曲を歌いましたが、あの言葉はじつに本質的なところを衝いていると思いませんか。天という「何ものか」から与えられた震災や津波、洪水やさまざまな災害に順応しながら、「災害は必ず起きる」とつねに身構え、できる限り自分から災害を避ける。これが日本人の生き方です。

磯田　「災間」の時代を生きる私たちは、先ほど話題にのぼった「信玄堤」や「聖牛」のような減災対策にもっと真剣に取り組まなければいけませんね。「災害を与える天を恨まず」とでも言いましょうか。

災害で人が死ぬのは天のせいではなく、減災対策を怠る人のせいかもしれないのですから。

末期ガン患者との命の対話

磯田　四年間の浜松での学究生活を終え、僕は二〇一六年に京都に引っ越してきました。あるとき京都の町家カフェでお茶を飲んでいたら、元気のない見ず知らずのおじさんに出会ったんですよ。僕はそのおじさんに、仏教で言う四苦「生老病死」の話をしました。

＊12　泉井久之助
一九〇五～八三。京都大学教授。言語学者。『比較言語学研究』など著書多数。

人間は誰しも「老いる」「病気になる」「死ぬ」という苦しみに直面します。生そのものにも苦があります。玄奘三蔵《げんじょうさんぞう》*13はインドで万巻の仏教書を読み、翻訳し、またそれを中国に持ち帰りました。そうして、「生老病死」を抱える人の心の安寧を保ち、経典によって救おうとしました。

そんな話をすると、おじさんは、いまにも泣き出しそうな顔をします。「ひょっとしてお体が悪いんですか」と訊くと、末期のガンとのことです。それから僕はおじさんと文通を始めました。

中西　その方には、お手紙でどんなことを伝えたのですか。

磯田　僕は正岡子規《まさおかしき》*14の『病牀六尺《びょうしょうろくしゃく》』を若いころに読んでいて、「人間、死ぬと決まってもこんなに楽しく生きられるものなのか」「ひょっとして、この死生観こそ人間が生み出した最大の文明ではないのか」、そんなことを話し、手紙にも書きました。玄奘は、結局、すべては気の持ちようで、死の病でも幸せに生きる人もあり、健康でも不幸に暮らす人もいる、それを伝えたかったのかも、などと語り合いました。残された時間は短く、それから半年も経たないうちに、そのおじさんは亡くなってしまいました。

中西　「生老病死」の苦しみは、おじさんだけでなく僕にも必ず起きることです。普通はそんなことをいちいち気にしながら暮らしてはいませんけどね。よくみんな宝くじを買いに行きますでしょう。じつは宝くじが当たるよりも、宝くじを買いに行く途中で交通事故に遭遇して死亡する確率のほうが高いようなのです。それを考えないだけ。

磯田　たしかに、そうかもしれませんねえ。
要するに人は、自分にとっていいことばかりしか考えない。悪いことは誰にも必ず起きるのに、そのことは頭の中から取り払ってしまうのです。

＊13　玄奘三蔵　六〇二～六六四。唐代の中国で法相宗の開祖の一人となる。長安からインドを旅して研鑽を重ね、一〇〇〇巻以上もの翻訳があると言われる。天竺を目指す「西遊記」のモデルになった。

＊14　正岡子規　一八六七～一九〇二。雑誌『ホトトギス』を拠点に俳人・歌人として活躍。万葉調と写生主義を重んじる短歌「アララギ派」を確立する。高浜虚子、長塚節らの門下も育てた。

スタンダールの墓に書いてある言葉

磯田　あるとき養老孟司《ようろうたけし》さん[*15]から「人間の認識は不変だと思ったって、不変な認識なんてないんだよ」と言われました。「何でですか」と訊ねたら「あなただっていま末期ガンだと言われたら、一秒前に考えていたことと、このあと考えることはまったく違うことになるはずでしょう」と言う。死を突き放して相対化されたようで、ハッとしました。

中西　もし「死にたい」「死にたい」と願っている人がいたら、よっぽど悲惨な生活をしている証ですよね。普通の人にとっては、死は歓迎すべきものではありません。必ず誰にも訪れます。しかしいい人生を送った人は死後も生き続けます。

私は父親っ子でして、いまでもよく父親のことを思い出すのですよ。彼はいまでも私の中で完全に生きていまして、死んだことがどうも信じられません。たとえ死んでからも、人が生きた価値ある人生の輝きは、いささかも古びることはありません。たとえいつ死んだとしても、その人が人類にとって有益な人間であることには変わりないのです。

〈人の将に死なんとする其の言や善し〉（『論語』）という孔子[*16]の言葉がありますよね。私が死ぬ瞬間には、孔子から「其の言や善し」と褒められるような言葉を活字として残したいものです。

磯田　若いころ京都で仕事をしていたとき、『字統』『字訓』『字通』を編纂した大漢文学者である白川静《しらかわしずか》[*17]先生をお見かけしたことがあります。二〇〇六年に白川先生が亡くなったとき、何とおっしゃったか。奥様によると「ようけ（たくさん）書いた

＊15　養老孟司
一九三七〜。解剖学者。東京大学医学部教授、北里大学教授などを歴任。二〇〇三年発刊『バカの壁』が四〇〇万部超えの大ベストセラーに。

＊16　孔子
前五五一ごろ〜前四七九。春秋時代に儒教を創始。『詩経』『書経』『易経』『春秋』『礼記』（四書五経のうち五経）をすべて編纂したと伝説視され、『論語』は今日も愛読される。

＊17　白川静
一九一〇〜二〇〇六。漢字の字源辞典『字統』、漢字の分析書『字訓』、漢和辞典『字通』（通称「字書三部作」）を自力で編纂。『初期万葉論』『後期万葉論』なども著す。

なあ」とおっしゃったそうです。

養老さんから言われてハッとしたように、僕だってやっぱり死ぬのは嫌ですよ。白川先生だって死ぬのは嫌だったと思います。死ぬのは嫌なんだけど、死を慰めて余りある白川先生の喜びは「ようけ書いたなあ」でした。自分は何のために生きているのか、考えさせられました。

中西 スタンダール[*18]のお墓には「書いた　愛した　生きた」(SCRISSE, AMO, VISSE) という墓碑銘があります。「生老病死」という四苦を抱えながらも、願わくば死の瞬間を幸せと充実感で締めくくりたいものですね。

震える大地と語らう

磯田 八世紀に編まれた万葉集の時代には、地震は「なゐふる」と表現されました。「なゐふる」とは「大地が震動する」という意味です。日本の記録の中で最初の地震らしきものは、武烈《ぶれつ》天皇[*19]が太子時代に詠んだ歌に出てきます。

中西 『日本書紀[*20]』にある歌ですね。

磯田　影媛という女性に恋した武烈天皇の前に、鮪《しび》という大臣の子がライバルとして現れます。鮪をやっつけてやろうと思った武烈天皇は、次のように歌いました。

臣《おみ》の子の　八符《やふ》の柴垣　下とよみ　那為《なゐ》が揺《よ》り来ば　破《や》れむ柴垣

中西　「下とよみ」には「下動」の字を当てていますね。

磯田　「いくら立派な柴垣で防御態勢を整えたところで、地震が起きればそんなものは破れてしまうよ」。これが地震に言及した日本史上最初の文献です。古代人は「人間が造った建造物は地震にはかなわない」と諦観していました。

＊18　スタンダール
一七八三〜一八四二。フランスの小説家。バルザックと同時期に活動し、小説『赤と黒』『パルムの僧院』、評論『恋愛論』など著書多数。ナポレオンのイタリア遠征に参加した。

＊19　武烈天皇
生没年不明。第二五代天皇。『日本書紀』には、妊婦の腹を切り裂いて胎児を取り出したり、人民を拷問や殺戮して楽しむ暴君ぶりが描かれる。伝説上の天皇と考えられている。

＊20　『日本書紀』
日本で初めて勅撰（天皇や上皇の命令）によって編纂された歴史書。全三〇巻の大著。奈良時代に編まれ、七二〇年に完成。神代（伝説の時代）から持統天皇の時代まで網羅する。

中西　日本は火山列島ですから、歴史を通じて日本中で震災が発生してきました。鳥取県の日野川は、火山から流れてきた火砕流を下流まで運んで被害を拡大しています。ヤマタノオロチなんて大蛇のお化けは、川を流れてきた火砕流の神格化です。

世界遺産に認定された富士山だって活火山ですし、近年でも延暦噴火（八〇〇年、八〇二年）、貞観噴火（八六四年）、宝永噴火（一七〇七年）と大噴火を繰り返してきました。そういう日本で暮らしていることに絶望してあきらめることなく、日本人は火山列島の振る舞いに順応して見事に対応してきたのです。

磯田　万葉集では、大地のエネルギーをとても肯定的にとらえていると僕は感じます。「ないふる」の「ふる」（揺れる）は、万葉集で「石上《いそのかみ》ふる」とも歌われます。

中西　「聖なる岩倉の上には神が降り立ち、神は石の上で震を振るう」という信仰でしょうか。

災害と鬼とヤマタノオロチ

磯田　万葉集にある〈石上布留《いそのかみふる》の神杉《かむすぎ》神《かむ》さびて恋をもわれは更《さら》にするかも〉（巻十一―二

四一七）という柿本人麻呂《かきのもとのひとまろ》*21の歌が僕はとても好きなのです。奈良県天理市の布留という場所にドーンと立っている大木は、大地がいくら震えても、何百年もの樹齢を重ねて苔むし、なおいっそう元気である。柿本人麻呂は、その杉を見ながら老いらくの恋を歌っているわけです。

昔の人は、大地が震えるエネルギーから大いなるものを感じとっていたのでしょう。もちろん地震による被害は大変ですが、地震を見た古代人は「大地はちゃんと生きている」と確認していたのだと思います。

中西　その大地にすがり、大地に身を委ねて農作物を育てていたのでしょうね。ちなみに「ふる」は「ふゆ」と言う場合もありまして、神や天皇が威力を発揮することを「みたまのふゆ」と言います。

磯田　目に見えない何ものかが大地を揺らし、権勢を振るう。古代人は大地の揺れによ

＊21　柿本人麻呂
生没年不明。天武・持統・文武天皇の時代に活躍した歌人。万葉集に多くの歌が収録されている。大伴家持や山部赤人、在原業平らとともに「三十六歌仙」の一人に讃えられる。

って生動を確認し、大自然と自分の生命がつながっていると考えていたように思えてなりません。

中西　『日本書紀』では「みたまのふゆ」に「恩頼」という漢字を当てます。「恩」に関連して申し上げますと、名著『菊と刀』で日本文化を読み解いたルース・ベネディクト[*22]は、日本人が大切にする「恩」の概念がよくわからなかったようです。「恩に着る」と言いますが、その「恩」は隠れて見えない気持ちですからね。

磯田　奇しくも「恩」と「隠」は同じ「おん」と読みます。

中西　鬼やヤマタノオロチも目に見えない存在ですが、予期しない災害という形で現れます。思いやりや温情もしかりです。魂が隠れてはいるが厳然として力があることを、日本人は「恩」という言葉であらわしました。まるで大地が震えるように、人の魂が震えて恩恵や恩寵を与えてくれる。「恩」とは最高の美徳です。

東海道五十三次の被災と高台移転

中西　本来であれば宅地開発をやるべきではない地域に建物を建てたせいで、東日本大

磯田　震災の被災地で被害が拡大しました。

震災が起きた直後、宮城県沿岸部の南三陸町にある小さな防災庁舎で、遠藤未希さんという若い町職員が死の間際まで防災無線の放送を続けました。町長を含め多くの職員が防災庁舎の屋上に避難したわけですが、逃げ遅れた遠藤さんを含め、四三人の職員が殉職しました。悲しいことです。

そして、その防災庁舎が建っている場所の地名を見たところ、「塩入《しおいり》」だったことに愕然としました。そこは海抜一メートルそこそこの場所です。昔から海水が入ってきた土地を意味する「塩入」という地名の場所に町の防災庁舎が建てられていた事実は、やはり、やりきれない。後世の教訓とすべきでしょう。

中西　福島県二本松市の安達ヶ原《あだちがはら》には、昔から鬼女が人をさらって食べるという伝説があります。そんな怖ろしい言い伝えがあるくらい安達ヶ原は長い間、荒涼とした荒

＊22　ルース・ベネディクト
一八八七〜一九四八。アメリカの文化人類学者。戦時下の日本を調査した日本文化論『菊と刀』を一九四六年に発刊し、「義理」「恩」「恥」といったキーワードで鋭く分析した。

れ地だったようです。

安達ヶ原では、阿武隈川《あぶくまがわ》がしばしば氾濫しています。現地に出かけてみたところ、過去にどこまで水位が上がったかを示す棒が立っていました。それははるかに人間の身長を超えていて、身震いしたものです。水害から身を守るための智慧を、こうして目に見える形で後世に伝えなければなりません。

磯田　宝永四年（一七〇七年）の宝永地震と津波をきっかけに、『東海道五十三次』[*23]に出てくる宿場町が町ごと高台移転したことがあります。

中西　ほお、それは興味深い。東日本大震災のとき、私はまっ先に行政が非居住地域にまで建築を許したことを改めるべきだと言いました。

磯田　津波によって白須賀宿《しろすかじゅく》（現在の静岡県湖西市白須賀）という宿場町が全部流れてしまったため、藩が公的資金を出して宿場ごと高台に移転し、全員が移住しました。「津波にやられる場所に、大勢の人が寝泊まりする宿場町を置くのはいけない」と英断を下したわけです。

中西　日本列島は七割が山地ですから、残り三割しか人が住めるところはありません。その三割の中でも、災害を受ける危険性が高い地域があることを知る必要があります。

「進撃の巨人」と「宇宙戦艦ヤマト」と「ドラえもん」

磯田　二〇一四年八月、広島でひどい土砂災害が起きました。

中西　大雨によって山の傾斜地が崩落し、住宅地が丸呑みされて七四人が亡くなった痛ましい事件でした。

磯田　最もひどい被害を受けた広島市安佐南区の八木地区は、かつて「八木蛇落地悪谷《やぎじゃらくじあしだに》」というものすごい地名だったそうです。

中西　「大地が崩壊する悪路の谷」という字義ですね。あのような激しい傾斜地をそもそも宅地開発するべきではありませんでした。

磯田　いま思えば、そうです。

＊23『東海道五十三次』江戸の日本橋から箱根・沼津・浜松など東海道を経て、四日市・亀山・草津から京都まで続く五三の宿場町。葛飾北斎や歌川広重ら江戸の浮世絵師がこぞって絵画を描いた。

中西　「比治《ひじ》」「泥江《ひじえ》」という地名がありますが、あれは泥地の当て字です。「坍」「崩岸」「小豆」（いずれも「あず」）という地名にも注意しなければなりません。先人がつけた地名は、いわば過去に発生した災害の警告文です。

磯田　有史以来、日本人が自然に対して最も傲慢になった時期は、一九六〇年代の高度経済成長期ではないでしょうか。あのころはたまたま地震と火山活動の静穏期でして、これも良くなかった。たまたま超巨大地震が起きない中、「人間は自然を克服できるのだ」という科学信仰のもと、宅地開発と大衆消費社会化が急速に進みました。

僕は一九七〇年生まれですけれども、小さいころ見たテレビアニメは科学技術が社会問題を解決する物語ばかりだったものです。「宇宙戦艦ヤマト」なんて、宇宙の彼方イスカンダルへ「コスモクリーナーD」（放射能除去装置）を取りに行く話です。「ドラえもん」も未来の科学技術そのものです。

中西　最近のマンガやアニメは少し様子が変わってきましたか。

磯田　二〇一〇年三月にコミックスの第一巻が発売された諫山創さんの「進撃の巨人[*24]」では、だいぶ様相が異なります。老朽化した壁の向こうから巨人がやってきて、ピューッと伸びる綱と刀だけで生身の人間が戦うのです。科学技術信仰とはおよそ対極的な、ローテクノロジー世界を描くこのマンガは、東北が「巨人」のような津波に遭った直後ということと相まって、大ヒットしました。

新幹線「のぞみ」命名の由来

磯田 ところで中西さんは、東海道新幹線「のぞみ」（一九九二年より運行）の名付け親が阿川佐和子《あがわさわこ》さんだという話を聞いたことがありますか。

中西 いえ、初耳です。

磯田 「のぞみ」の命名委員を阿川さんが務めており、「希望」や「つばめ」「きらら」あたりが有力候補だったようです。阿川さんがお父さん（作家の阿川弘之《ひろゆき》*25）に相談したところ、「国鉄の列車の名前はすべて大和《やまと》言葉がつけられてきた」と鋭い指摘を

*24 「進撃の巨人」
諫山創が二〇〇九年から『別冊少年マガジン』で連載。巨大な壁の内側で暮らす人類と巨人の戦いを描く。二〇一八年八月までに二六巻の単行本が発刊され、累計約八〇〇〇万部。

中西　受けたそうなのです。

磯田　となると、先ほどの候補の中では「のぞみ」「つばめ」「きらら」ですか。

中西　そこで阿川さんは「希望」を大和言葉の「のぞみ」に読み替えて提案し、それが採用されたそうです。

磯田　それは興味深い。列車の名前は大和言葉ばかりなのに、自動車の名前はほとんどが横文字ですから。「ＳＵＢＡＲＵ」だけが唯一の例外でしょうか。「すばる」は風土記にも出てくる千数百年もの歴史をもった日本語です。

中西　「すばる」で思い出しました。僕は理屈っぽい子どもでして、夜道を歩いているときに牡牛座の昴を見つけると、こんな話をしながらノコノコ歩いて帰っていたのです。「昴は『統《す》べる』（統率する）に由来する言葉で、まとまりがある状態だ。校長先生や王様が命令して、みんながまとまって言うことを聞く。統べる状態が昴なんだ」

磯田　「すめらみこと」（天皇）は「統べる」から来た言葉ですからね。

中西　統べる詔《みことのり》――神様の言葉をまとめて人々に伝えるリーダーが王様の始まりです。こういう言葉遊びは、じつに味わい深く奥行きがあるものです。万葉集の世界には、言葉の成り立ちと日本人の源泉が詰まっています。

仏典が説く「草木国土悉皆成仏」の思想

磯田　津々浦々の人々が思いのままに詠んだ大和歌も、とてもおもしろいですよね。僕は京都に引っ越して来てから、古本屋を回って短冊の箱を開けるのを趣味にしているのです。短冊といっても庶民が書いた歌ですから、一枚五〇円か一〇〇円で買えます。名もなき庶民が書いたものですから骨董としての価値はないのですが、この大和歌がじつにおもしろい。

つい最近では、三河の伊良湖の浜に生まれた糟谷磯丸《かすやいそまる》*26という漁夫の大和歌を見つ

＊25　阿川弘之
一九二〇〜二〇一五。『山本五十六』『井上成美』『志賀直哉』『春の城』など著書多数。軍隊や戦争モノの小説以外に童話『きかんしゃやえもん』も書いた。

＊26　糟谷磯丸
一七六四〜一八四八。三河の漁師。四十歳前後で文字を覚えてから、歌人として活動を始める。八十五歳で死去するまで、全集が発刊されるほど多くの歌を残した。

けて感動しました。文字も知らない磯丸は神主から口伝えに和歌を教えてもらい、八十五歳で亡くなるまで、大和歌やまじない歌（災いや魔物を鎮める歌）を歌います。三〇〇〇万人いた江戸時代の日本人は、一人ひとりが大地と宇宙を身近に感じる哲学をもった人々でした。

中西　昔、日本の中央政府で行政官を務めていた者は、中国式の伝統的教育を受けた文字社会の達人です。彼らが国司として地方都市に派遣されると、文字の読み書きを全然知らない民衆を相手にしなければいけません。

彼らがどうやって民衆と対話したのか。書き言葉を話し言葉である和歌の形式にあらため、和歌を使ってコミュニケーションを成立させていったのではないでしょうか。和歌のおかげで、初めて日本の地方政治は成立しました。行政官だった大《おお》伴家持《とものやかもち》[*27]が奈良時代に歌をたくさん作ったのも、人々と対話し、意思疎通するためでもありました。

磯田　日本人は、人間だけを相手に和歌を詠むわけではありません。和歌を発信する相手は、人間に限らず動物だったり山だったりします。山に向かって歌を詠めるほど人生を達観できたら、死んだところで全然つらくありませんよね。山紫水明に自分が溶けこんでいるわけですから。

中西　日本人のそういうところは極めて仏教的です。仏典では「草木国土悉皆成仏」と説かれます。人間や動物に限らず、草木や国土も皆等しく仏性をもっており、仏に成れる。草木も国土も神仏も人間も、皆同じく一列に並んでいると日本人は考えてきたのです。

政治家と行政官は哲学と知性をもて

磯田　先ほど中西さんが話題に挙げた安達ヶ原で、含蓄深い逸話があります。明治政府が成立すると、安達ヶ原のような未開の荒野に革新的な官僚を送りこんで開墾と開発を急速に進めました。福島県令（県知事）を務めた安場《やすば》保和《やすかず》*28もその一人です。

*27　大伴家持
七一八〜七八五。政府高官を歴任し、最終的に中納言（太政官の次官）まで昇進する。万葉集に最も多くの歌が収録され（長歌四六、短歌四三二）、万葉集の編纂者とも言われる。

安場が危篤に陥ったとき「医者送れ」と電報を送ったのですが、小さい文字は電報にならないので「イシヤヲクレ」と表記されます。危篤の安場は医者を求めているのに、石を砕いてまで土地を開発してきた石屋がやって来てしまった。安場は医師に看取られることなく、石屋が来てしまい、亡くなっていきました。
〈さざれ石の　巌となりて　苔のむすまで〉と歌ってきた日本人が、神と見立てた石を電気ドリルで砕いて宅地開発に努める。じつに皮肉な話です。

中西　角倉了以《すみのくらりょうい》[29]は、たびたび水害を引き起こす大堰川や高瀬川を開削して自然の流れを変え、安全になった水路を使って物資を運びました。乱雑な宅地開発とは対照的な、人命を守るための冒険です。
　行政のトップに立つリーダーは、国家百年の計を考える確固たる哲学をもたなければいけません。理想を言えば、ソクラテス[30]やプラトン[31]のような哲学者が政治家や行政官を務めるべきなのです。

磯田　「官僚知」と「哲学知」は、同じ知識でも大きく異なります。「官僚知」を機械的に使えば効率的に行政を進めていけますが、前提条件が誤っていたり、入力の情報や当てはめる公式そのものが不適切だったりすると、とんでもない結果になる。昭和の戦争がその典型です。官僚を悪く言うつもりはないので「機械知」と言いかえてもいいのですが、これは一度使いようを誤ると、厄介です。

政府には「日本国民を幸せにする」という大目標があったはずなのに、いつしか戦争で勝つことそのものが目的になってしまった。さらに戦争で死ぬことが英雄視され、死ぬことそのものが目的になるというとんでもない取り違えが起きたのです。

＊28 安場保和
一八三五～九九。肥後熊本藩士。廃藩置県後に大蔵省官僚となり、岩倉具視と欧米を視察。貴族院議員、北海道庁長官、福島・愛知県令（県知事）、福岡県知事などを歴任。

＊29 角倉了以
一五五四～一六一四。安土桃山時代から江戸初期にかけて活躍した豪商。豊臣秀吉や徳川家康の朱印状（公文書）のおかげで、安南（現在のベトナム）の東京（トンキン）との交易を展開した。

＊30 ソクラテス
前四七〇ごろ～前三九九。古代ギリシャの哲学者。愛知（フィロソフィア）の対話を推奨したところ、神への冒瀆と見なされ死刑に。弟子のプラトンやクセノフォンがあとを継いだ。

＊31 プラトン
前四二七ごろ～前三四七。ソクラテスの死後に師の遺志を継いで学園（アカデメイア）を創設し、名著『ソクラテスの弁明』や『饗宴』『国家』『法律』など数多くの著作を著す。

「官僚知」だけに頼っているようでは、こうした間違いを犯しかねません。そもそも何のために国があるのか、人はどう生きるべきなのかを考える大局的な「哲学知」をもち、歴史や古典に立ち返って物事を判断する視点が重要です。

中西　万葉集をはじめ、歴史や古典は人類の経験知と人生哲学の宝庫ですからね。大伴家持は聖武天皇の政治を、〈おのがじし　こころだらいに〉と詠んでいます。「こころだらい」に漢字を当てると「心足」でして、要するに「人それぞれの心が満たされるように」という意味です。政治の大目標は、結局のところこのひとことに行き着くのではないでしょうか。

磯田　佐佐木信綱《ささきのぶつな》*32は「広く、深く、おのがじしに」と言いました。「おのがじし」すなわち「一人ひとりの思うがままの多様性」を認める社会を希求する。これこそ我々が進むべき道です。

天上世界に土足で踏み入った原子力発電の過ち

中西　〈おのがじし　こころだらいに〉という精神に立ち返るならば、私は原子力発電はとうてい認められません。原発には反対です。

磯田　同感です。

中西　ものすごい天文学的数値の原子力を活用するなんて発想は、完全に天上世界の話です。

磯田　原子炉は天体レベルのエネルギーで動かす装置ですからね。炭素結合でできた有機物の人間が死ねば、たちまち分解されて動物や葉っぱ、土の一部と一緒にバラバラに分解されます。放射線などがあたると、人間のＤＮＡやら細胞はやわらかい結合なので、壊されてしまいます。そういう緩やかな有機物質の結合体である人間が、原子力と同居するのは難しいのです。人間が金物や石で出来ていれば、話は別ですが。

原発は産業革命のころと同じ発想で、核分裂で巨大な熱エネルギーを作り出し、窯を焚いてタービンを回すローテクです。太陽光発電など光を直接電気にかえる技

＊32　佐佐木信綱
一八七二～一九六三。歌人・国文学者。歌集『思草』、大著『校本万葉集』など著書多数。唱歌「夏は来ぬ」「雀」の歌詞も作詞。九十二歳で死去するまで、万葉集研究に尽力した。

術のほうが新しく高度な技術ですし、こちらのほうが未来があるでしょう。

核の研究技術はもつ価値はありますが、商用原子炉（原発）は人為的に壊されるおそれがあります。少なくとも人口が密集する、この火山国には向きません。テロによって周辺に核物質が拡散し、国土が使えなくなるリスクの見積もりが甘いようにも感じます。

核のゴミ問題も未解決です。いま申し上げた課題に対処するだけでも、いったい総額でいくらかかるものやら……。いろいろ考えると、原発は結局、高くつく。いい加減に見切りをつけるべきときです。

中西 原子力発電という悪夢を追い求める愚かな生き方は、そろそろ終わりにしなければいけませんね。それが東日本大震災から日本人が得た、最大の苦い教訓です。

第2章

愛と死に生きる万葉びと

万葉集に詠まれた「命に向ふわが恋」

磯田　万葉の時代を生きた人々は、いったいどのような死生観をもっていたのでしょうか。人間はどこからやって来て、いったいどこへ行くのか。万葉集で使われる言葉を見ていると、当時の人々のコスモロジー（宇宙観）がうかがい知れます。

僕も初めて見たときドキッとしたのですが、大伴家持に恋する女性・中臣女郎《なかとみのいらつめ》*1がこう歌っているのです。

直に逢ひて見てばのみこそたまきはる命《いのち》に向ふわが恋止《や》まめ（巻四―六七八）

古代の女性であろうが男性であろうが、「命に向ふわが恋」というすごい言葉は、なかなか詠めないのではないでしょうか。

中西　いまは普通「命をかけた恋」と言いますから、それと同じと思ってしまいそうですが、中臣女郎は「命をかけた」ではなく「命に向ふ」と詠んでいるのがすごい。

磯田　南北朝時代（一三三六～一三九二年）から戦国時代（十五世紀末～十六世紀末）あたりまでの時期に、日本人の生命観が大きく変化したように思います。万葉の時代は

「命に向ふ」というベクトルの生命観があった。命は自分の外にあって、そこに向かっていくものでもありました。ところが、こうした生命観が変容していってしまいました。

江戸の初めの元禄期（一六八八〜一七〇四年）には心中ブームがはやり、「命に向ふ」ではなく「命をかける」が流行します。その前の慶長期には、「二十五歳まで生き過ぎたりや」などと刀に書き込んで、町を闊歩し喧嘩の相手を探す、かぶいた気風が広がりました。二十五歳の若さなのに「すでに生き過ぎている」と考え、命は自分のもち物で、それを捨てるのがかっこいいとする者もいた。

かつての日本人は「何かに命をかける生き方は美しい」という美徳をもっていました。南北朝以後数百年間、一三〇〇年代から一六〇〇年代にかけての激しい土地争いの戦争の中で、日本人の生命観が変わったのではないでしょうか。

＊1　中臣女郎
生没年不詳。大伴家持に恋焦がれる女性の一人。「をみなへし佐紀沢《さきさは》に生ふる花かつみかつても知らぬ恋もするかも」（巻四―六七五）などの恋歌が、万葉集に複数収録されている。

中西　少なくとも、真剣に恋をしている状態を「命に向ふ」とはとらえなくなっていったのでしょうね。人間が生きている証を確認するために内面を追求する生命観は、次第に失われていったのだと思います。

「命」の語源

磯田　「命」の語源には、「いのうち」（息内）、「いのち」（気内）（息路）（息続）（息力）（生霊）（息霊）、「いきのうち」（生内）、「いきねうち」（生性内）、「いのき」（胃気）など諸説あります。「息をしている」とか「息が続いていく」といった意味に、「息」のみならず「生」「霊」など生命や霊魂に関わる意味合いがこめられているのです。

中西　大伴家持に恋する中臣女郎の「命に向ふわが恋」にこめられた「命」の意味が、このあたりから読み解けそうですね。

磯田　ええ。「命に向ふ」とは、すなわち「息をしている状態に向かう」ということです。この恋が成就しなければ、自分が生きている状態とは言えない。万葉の女性の言葉は激しいですから、「命に向ふわが恋止まめ」の先には「あなたと共寝をしたい」

と匂わせるのです。「命に向ふ」先には、恋する相手との間に子どもが生まれる。

中西　古代の万葉人が命に向かうというイメージは、元禄の世に心中した人々の刹那的生命観ではありません。「命を断ち切る」とは対極的に、「先へ向かって命を延長していく」イメージです。

磯田　どんな動物も、メスは強く美しいオスを好きになって、その子をはらみます。そして命が二代先、三代先へと続いていく。生き物としては非常にまっとうな生命概念を、万葉の人々はもっていたように僕は感じるのです。

中西　いまのお話の中に、感心することが二つありました。一つは人が本気になって命をかけると、死んでしまうことです。自分の命をかけてでも、何かを成し遂げたい。古代で言うところの「命をかける」は生と死が対立していて、生と死が相互侵犯の関係にあります。

正方形の角と角を、一本の対角線で結んでみると三角形が二つできますよね。片方の三角形が「生」なら、反対の三角形は「死」です。「生」と「死」のバランスは年齢によってパーセンテージが変わり、三角形の線はカーブしながらも変化していきます。

人間がオギャー！　と生まれたときには「死」の要素はほとんどありません。しかし、生まれることによって「死」は確実に発生しています。

磯田　パスカル[*2]は「人間は生まれながらの死刑囚である」と言いました。

中西　生まれた瞬間から人は「死」へと歩み始めているのですから、死のパーセンテージが生きていく間、つねにいくばくかはあるのです。生きていくうちに「死」の割合がだんだん多くなり、「生」の割合が次第に少なくなっていく。万葉の人々は、そのことをどこかで意識していたのでしょう。

磯田　とかく生を死に向かっての状態と考えられていますが、本来日本人はつねに生が死を含みもっていると考えた。そのことが大事だと思います。

「生命曲線」は一定ではなく、時間軸にともなって変化していく。「命に向ふ」生き方の先には「生」があり、そして「死」もあります。「生」と「死」は切り離された概念ではなく、古代人にとって「生」と「死」は身近で表裏一体なものでした。

『徒然草』から生と死を読み解く

中西　ここにいる私も磯田さんも、つねに「死」をはらんでいるのですよね。一九二九年生まれの私は「死」の部分が九九％くらいになっているかもしれませんし、才気煥発な若い人たちは「生」が九九％かもしれません。

そこに気がついたのが、吉田兼好《よしだけんこう》＊3の『徒然草』です。

花は盛りに、月は隈なきをのみ見るものかは（『徒然草』第一三七段）

「このくだりはいったいどういう意味なのだろう……」とあるとき、電車を待つホームでぼんやり考えていましたら、老若男女、さまざまな人がごったがえしているのですね。そこで「そうか！」と気づきました。吉田兼好がここで言いたかったのは、「生」と「死」を対角線上に示した三角形の生命観なのだ、と。満月といえ

＊2　パスカル
一六二三～六二。フランスの数学者・物理学者。確率論や円錐曲線論、「パスカルの原理」を打ち立てた。著書『パンセ』で「人間は考える葦である」と有名な言葉を記した。

＊3　吉田兼好
一二八三ごろ～一三五二ごろ。鎌倉後期に後二条天皇のもとで歌人として活躍し、「和歌四天王」と称される。出家と遊学によって儒教・仏教・道教を極め、随筆『徒然草』を著した。

ども、ごくわずかながら必ず陰を含みつつある。そして、また下弦の月（半月）になったり、また三日月になったり少しずつ形を変えていくのです。

磯田　西行《さいぎょう》＊4も「満月と死」について〈願はくは　花の下にて　春死なん　そのきさらぎの　望月のころ〉と歌いました。

中西　月の形は毎夜毎夜変わっていきます。

磯田　満つれば欠くる。満月がポンと浮かんで美しくても、次の瞬間からは「死」に向かっていくしかない。

中西　そういう生命観が、室町時代（一三三六～一五七三年）の混乱期を境に変わっていったのではないでしょうか。室町時代は近代の始まりだと言われます。西洋の大航海時代（十五世紀半ばから十七世紀）も含め、時代の大きな転換期です。

ともかく、万葉の人々が抱いていた生命観はじつに深い。「月が欠けていく。人は死へと向かっていく。なんと儚《はかな》い生き物なのか」と厭世的に無常観を抱くのではなく、「命に向ふ」先には命そのものの深みがありました。命とは点や線ではありません。「大我」とでも言うべき「マス」（分量）があり、豊穣で深さがあります。

「生」と「死」の発露

中西　現代人は今日明日どうするかといった視点で恋をしますが、万葉人はもっと深い視点で恋をしていたようです。恋をしながら命へと向かっていく。じつにロマンチックではありませんか。

磯田　「命」の「ち」という音からは、さまざまなことを連想します。「土地」の「地」でもありますし、「内」の「ち」、つまり「中」とか「内部」でもある。

中西　霊魂のことを「うち」と言いますよね。

磯田　「生霊」と書いて「いのち」とも読めます。

中西　「ち」という音には霊的なるもの、深遠なるものがこめられています。万葉人には、

＊4　西行
一一一八〜九〇。武士の出だが二十三歳で出家。放浪旅行をしながら僧・歌人として活動。後鳥羽上皇の命によって編まれた勅撰和歌集『新古今和歌集』に九四の歌が収録。

その深遠な部分へ向かっていく生命観がありました。生命は極限ですから、人間の目には見えません。「精神的に感知する生命観」とでも言いましょうか。

「この女がいてくれなけりゃオレは死ぬんだ！」と駄々をこねる在原業平《ありわらのなりひら》＊5みたいに、チャランポランで遊びのような恋もあります。私は口が裂けてもそんなことは言いたくない（笑）。

磯田 万葉人の歌からは、ひたすらじっと内向していくものすごい孤独感が漂ってきます。それが薄っぺらになって、「生」も一枚、「死」も一枚という軽薄な人生観と世界観の中で生きていたら、「生」と「死」なんて感じられません。

中西 生命には深度、深さがあるんですよね。現代人は命を長さだけで論じようとします。厚生労働省のお役人が人間の平均寿命について機械的に統計を出すのはけっこうですけど、人がどれだけ深く生きているかという問題は考えてくれません。

そこをあらわすのがポエム（詩）の役割でしょう。詩人とは「死」に近づき、「死」に肉薄します。「死」という単語には、人類の情けなさや絶望感といった、いろいろな意味での深さがあります。軍人政権から命令され戦場に行った先には、戦争と死が待っていた。そこで一人悩んで書かれた戦没学生の手記にも、多くのポエムが綴られています。

やや言いにくいことを付随して申し上げますが、セックスとは「生」の発露であるように見えながら、じつのところ「死」の発露でもあるのかもしれません。官能的な場面を描く小説を読むと、情事の最中に人が「死ぬ！」「死ぬ！」と叫びます。セックスとは「死」を予感させる行為でもあるのですよね。その瞬間、「死」の代替行為として生が誕生してくる。これが性行為の意味ではないかと私は思います。

メダカの一生

磯田　セックスと聞いて、卑近な話を思い出しました。僕はメダカを飼っていまして、先日メスが死んじゃったのですよ。卵をたくさん生むようにエサをたくさんあげた

＊5　在原業平
八二五～八八〇。「六歌仙」「三十六歌仙」と讃えられ、『古今和歌集』などに多くの歌が収録された。色情豊かな人生を送り、平安時代の恋話『伊勢物語』のモデルとなった。

ところ、メスは喜んでたくさん食べました。すると毎日卵を生むのです。うれしそうにナンボでも食べるものだからどんどんエサをあげていたら、一週間くらい経ってから白くなって沈んでいました。

「悪いことをしたな……」ととても悲しい気持ちになったものです。ところがそれから一カ月ばかり経ったころ、ものすごい数の子どもが生まれました。メスが死んだころはまだ水温が冷たかったので、卵がかえらなかったのでしょうね。

あのメダカの生の長さは短かったわけですが、ひょっとすると、とても深く生きたのかもしれません。生き物が子孫を残すために暮らしているのだとすれば、必ずしも一概に「あのメダカは不幸だった」とは言えないようにも思います。

中西 磯田さんは、いわば「メダカの婚活」の店を開いたのですね(笑)。エサを与えて婚活を奨励したら、誰よりもたくさん卵を生んで死んでしまった。

磯田 メダカは、いまでも生と死が渾然としている。古代人は自然の中で暮らしていましたから、自然の中で起きる生命の流れをよく見ていたのでしょう。

「メダカの婚活」のような話も、万葉の人々にとっては歌を歌う格好の素材になったはずです。

万葉集はコイバナ（恋話）だらけ

中西　万葉集に描かれている「恋」の数を数えたことはありませんけど、圧倒的に恋愛の歌が多い。

磯田　多いですねえ。

中西　私は小中学生を対象に万葉集の出張授業をしまして、その様子を『中西進の万葉みらい塾』（朝日新聞出版）という本にもまとめました。この本を読んだ方から「中西先生は本当に恋の歌が好きなんですね」と言われるのです。いやいや私が恋の歌が好きなんじゃなくて、万葉集が恋の歌だらけで、万葉の人々が命を賛美しているのですよ。

磯田　命とは「恋する」そのものです。生き物はみんな、激しく恋をしながら深く生きるわけですから。

中西　恋とは「乞う」ものでもあります。

磯田　鳥は、なぜ鳴いているのでしょう。子が育つためと、恋のために鳴いているのがほとんどじゃないですか。

中西　特に小鳥が鳴いているのは、ほとんどが恋でしょうね。鳥は求愛のために鳴きもすれば踊りもします。もっと言うと、一生懸命求愛をして、結局殺されて食われることを目的として生きているようです。

磯田　最近はツイッターで、浅いさえずりをする人がずいぶん増えました。万葉集に歌われている歌は、人の心をかなり深いところから汲みとっています。鳥が空で生きよう、生きようと一生懸命さえずっている。空からこぼれ落ちてくる音を、万葉集を通じて聴いている感すらありますよ。

万葉集から聴こえてくる音に耳を澄ませると、恋をして子どもを作り、子どもを育てて暮らす生き物が、図らずも発した本音の音たちが聴き取れます。

万葉集とフリーセックス

中西　「嬥歌《かがい》」という言葉があります。山や水辺に人々が集まり、ご馳走を食べたり歌や踊りを楽しむ「歌垣《うたがき》」のことです。高橋虫麻呂《たかはしのむしまろ》*6が、「嬥歌」について万葉集でこんな歌を歌っているんですよ。

〈……率《あとも》ひて　未通女壮士《をとめをとこ》の　行き集《つど》ひ　かがふ嬥歌《かがひ》に　人妻《ひとづま》に　吾《われ》も交《まじ》らむ　わが妻に　他《ひと》も言問《ことと》へ　この山を　領《うしは》く神の　昔より　禁《いさ》めぬ行事《わざ》ぞ　今日《けふ》のみは　めぐしもな見そ　言も咎《とが》むな〉（巻九―一七五九）

要するに「今日は神様も何も文句を言わない。だから人妻であろうが関係なく、みんなで交わろう」と言うのです。

磯田　「なんだったら、ウチの妻とも交わってくれよな」とまわりの男に勧めているのですよね。まさに性の解放区です。

中西　祝祭の日は、世の中の交通整理のない日です。当時の人々は、神様をおまわりさんに見立てていたのでしょう。普段は浮気なんてしたら神様からこっぴどく叱られるけど、お祭りの日だけは性が思いきり解放される。「今日は神様が『好きなよう

＊6　高橋虫麻呂
生没年未詳。奈良時代に朝廷に仕えた官吏。万葉集に合計三四（三六という説も）の歌が収録されている。常陸国へ赴任中『常陸国風土記』の編纂に携わったと言われる。

にやれ』と認めてくれた日だ。思いの丈を遂げなさい」と言っているのです。

磯田　春になると自然界の生命力が高まってきて鳥が鳴き、花も咲く。歌垣を催して人々が山へ登り、川辺に出かけ、ダンスパーティを開いて酒を飲む。醸した酒が高まってくると、やおらフリーセックス状態になって〈わが妻に　他も言問へ〉と言うのですよね。

「いとこ婚」と禁断の近親相姦

磯田　ひょっとすると万葉の人たちには、意外と「いとこ婚」が多いかもしれません。大伴家持にしても、正妻（坂上大嬢＝大伴宿奈麻呂の長女）は「いとこ婚」です。ただし内婚制にはもちろん限界がありまして、あまり血筋が近すぎるところで、繰り返し男女が結婚して子どもを作ると、遺伝的な問題が起きかねません。

中西　いまでも「いとこ婚」は認められていますが、民法では〈直系血族又は三親等内の傍系血族の間では、婚姻をすることができない〉（第七三四条）とされていますね。

磯田　「いとこ婚」を禁じている国は、東アジアではけっこう多いですよね。

中西　日本は大丈夫です。

磯田　じつは僕の親族の中にも、二代連続で「いとこ婚」をした人がいます。歴代首相を調べてみると、戦後だけでも「いとこ婚」が八・八%もいるのですよね（岸信介、佐藤栄作、菅直人）。古代社会の天皇家を見ても、けっこうたくさん事例があります。さすがにエジプトのファラオみたいに父親と娘が結婚しちゃうとか、兄妹婚までは日本では考えられませんが。

中西　そういえば万葉集では、配偶者のことを「わぎも」（我妹、吾妹）と言います。「我が妹」が変化した言葉が、まず妻や恋人への呼び名として使われています。

とはいえ、万葉人が妹や娘と結婚していたわけではありません。近親相姦による子作りが遺伝的な問題を生むことを、彼らは生活知として知っていたのでしょう。だから自律的な規制として、近親婚はなるべくやめてきたのです。

磯田　ちなみに正岡子規は、妹と一緒に仲良く過ごしていました。

フランスのエマニュエル・トッド[*7]という家族学者と話したときに、人類の中で最も古いアルカイック（原初的）な状態は、古代文明を生み出した周縁部に温存されると指摘していました。

どうも人類史上の家族には、二つの中心点があるようです。一つはイスラムやユダヤ教、キリスト教を生んだチグリス・ユーフラテス川あたりの家族制度、もう一つは中華文明を生んだ中国です。中国は大家族制を採っていますが、通婚規制はものすごく厳しいですよね。いとことは結婚しては駄目ですし、「同姓不婚」と言って、同じ苗字であるだけで結婚は認められません。

中西　ごく最近まで、朝鮮半島でも「同姓不婚」が当たり前でした。「金」さん同士、「朴」さん同士が愛し合っても、姓が同じだと結婚できなかったのです。

磯田　ところが日本では、僕の親族みたいに「二代連続いとこ婚」なんて事例もありますし、同族婚は珍しくありません。だけどエマニュエル・トッドに言わせると、何にもとらわれていない古代文明の時代の家族の姿は、近い者と結婚するのが日常だったというのです。

「奈良」の語源は朝鮮語

中西　縄文時代の日本は、大陸側からの影響をほとんど受けずに独自の文化を形成しま

磯田　した。縄文の日本は、北方の韓国よりも太平洋側に寄っていたと思います。

弥生時代以降は、縄文文化と渡来系の文化が両方交じり合っていきます。縄文の「原日本人」は、アイヌの死生観の影響を強く受けました。

中西　アイヌは「神」は「カムイ」、「魂」は「タマ」と呼び、熊や狼といった自然界の覇者を神様と考えました。「カムイ」や「タマ」をはじめとするアイヌ語は、今日も日本語の中に残っています。アイヌ語は無意識下の基底の部分で、現代人の宗教観、「あの世」観に影響しているのではないでしょうか。

磯田　死生観や宗教観がアイヌからの影響を受ける一方、所属する組織や制度的、政治的なことに関して、日本は大陸側の影響を受けています。たとえば「母」は「はは」だけでなく「母屋」の「おも」と読みますよね。

中西　これは韓国語の「オモニ」の影響です。「奈良《なら》」は韓国語で「国」を意味します。

＊7　エマニュエル・トッド
一九五一～。フランスの文化人類学者。人口動態や家族構造を分析し、ソ連崩壊やリーマン・ショック、アラブの春、イギリスEU離脱、トランプ大統領当選を予見して話題に。

磯田　所属集団や政治的な人間関係に関する言葉には、渡来系用語が多いですね。

中西　弥生系の人々は、支配者として縄文語を駆逐し、津々浦々に至るまで日本語を改変していきました。そうして中国語の影響を色濃く受けた韓国語が、大陸の「弥生語」として日本に入ってきたようです。

外来語には三つの受容の仕方があります。第一に「civilization」(生活を文明化する言語)、第二に「recognization」(外来語によって再認識した言語)、第三に「nativization」(外来語の母語化)です。この三つの過程を経て、日本語の中に圧倒的に多く残っている外来語は韓国語です。

磯田　言語という根幹の部分で、日本は韓半島からの文化伝来の影響を非常に強く受けています。

権力者を突き放す『東海道中膝栗毛』

磯田　お墓の造り方一つとっても、日本に渡来系の人たちがやってきてから、ずいぶんスタイルが変わりました。渡来系の人たちは、内と外を非常にはっきりと区画した墓制を始めます。そのうち高塚古墳《たかつかこふん》*8のように、権力者と民衆の上下をはっきりさせる古墳を造るようになりました。

奈良県の箸墓《はしはか》古墳*9を見るとわかりますけれども、内と外をきっちり堀で割っているのです。中には敷石を敷いて、神社の境内のように草木が生えている。内側で生物の死が起きないように、石を運んで敷き詰める。明らかに結界された別空間を造っているのです。

中西 そういう発想は「原日本人」にはありませんでした。

磯田 生者と死者を明確に分けない思想も、元来日本にはありました。「人間はみな同じ」という規範をもっていたのではないでしょうか。

＊8　高塚古墳
盛土した墳墓。たとえば孝謙（称徳）天皇が祀られる佐紀高塚古墳は、全長一二七メートル、高さ一八メートルと巨大。大阪府太子町の山田高塚古墳には推古天皇が祀られる。

＊9　箸墓古墳
奈良県桜井市の前方後円墳（全長二七三メートル）。古墳時代初期の三世紀後半に造られた、日本で最も古い古墳の一つ。孝霊天皇の皇女・倭迹迹日百襲姫命の墓と見られる。

江戸時代の身分制はかなり厳しいように見えながら、明治維新が起きるとあっという間に四民は平等になります。ほかの地域にある王権と比べてみると、大王《おおきみ》と民衆の間にはさほど大きな違いはありませんでした。日本人は、貴族も市民も意識の上で「あいつらとオレたちは違う生き物だ」とは考えていなかったのかもしれません。

中西　そこは非常におおらかですよね。かつて『中西進と読む「東海道中膝栗毛《とうかいどうちゅうひざくりげ》」』（ウェッジ）という本を書きながら『東海道中膝栗毛』を読み解いたとき、そのことをつくづく思いました。

十返舎一九《じっぺんしゃいっく》[*10]が『東海道中膝栗毛』を書いたのは、江戸期の終わり（一八〇二～一四年）です。民衆は殿様や武士の権威をおおいにせせら笑い、いともたやすく権威を落としていく。こういうことは外国ではなかなかありません。

王様の中には「覇王」という「征服の王」がいます。「覇道」を行う征服者は、とにかくメチャクチャに権威的です。ときにはヒトラーみたいな野蛮なことを平気でやります。日本人は「覇道」ではなく、君徳を備えたなごやかで家族的な「王道」を賛美してきました。

これは儒教の影響だと思いますけれども、昔の天皇は家に雨漏りがしていてもあわてて修理なんてしません。生活上の多少の不便なんて、民衆と同じくおおらかに良しとする。それこそが、民衆の上に立つ者の振る舞いだと考えられていました。

武士意識と王孫意識

磯田　江戸時代のお侍は、平民から敬われてはいました。侍が道を通るとき、人々は土下座まではしませんでしたが、控えていました。でも本音のところでは、民衆はどこまで侍が自分たちとは違う人間だと思っていたのか、いささか怪しいところです。

古代の王や大王は、家族一体の集団を代表する存在でした。一般の民は王孫意識をもっていた。つまり「端っこではあるが、自分たちは王の同族であり、王の子孫である」という意識を非常に強くもっていました。

＊10　十返舎一九
一七六五～一八三一。大阪で浄瑠璃作家として活動したのち、戯作者として江戸で洒落本や人情本を多数執筆。代表作は、八編一八冊からなる滑稽本の道中記『東海道中膝栗毛』。

中世の文書にも「百姓は王孫にこそあらめ」と書いてあり、王孫意識がしばしば垣間見えます。近世に入ってからも、人々は「自分も何らかの形で天皇に連なる者である」という意識をもっていました。

幕末になると、偽系図師があちこちで出現します。ちょっとオカネをもっている庄屋や大庄屋が、「我が家系図は××天皇からつながっている」という偽系図を作ってもらいました。彼らは戦国期には、裏山に城を築いていました。武士意識どころか、彼らは王孫意識をもって暮らしていました。「いまは天皇家がたまさか権力をもっているだけで、本質的なところで自分たちと違いはない」とさえ考えていたのです。

中西　そういう王孫意識を崩していったのが、朝鮮半島から来た先進的文明でした。「君《きみ》」という言葉のルーツは中国語です。日本語には「君」という言葉はもともとありません。外来語しかないということは、日本人にとって「君」という概念が必要なかったことのあらわれです。

つまり、王様であろうが民衆であろうが、人々はみんな平民のように等しい存在である。だいたい日本の王様は、お城みたいに大きな建物をやたらと築かないでしょう。誰でもひょいと乗り越えられる御所が、そのへんにあるわけですからね。

沖永良部島に島流しに遭った西郷隆盛

磯田　西郷隆盛《さいごうたかもり》＊11とは何者だったかを考えるため、僕は奄美大島と奄美群島を歩いたことがあります。

中西　ＮＨＫの大河ドラマ「西郷《せ》どん《ご》」でも描かれたとおり、西郷隆盛は奄美群島の沖永良部島に島流しに遭ったことがありましたね。

磯田　地元の人たちと話していると驚きました。沖永良部島の人たちは、昭和の初めごろまで高松塚《たかまつづか》古墳＊12の時代に似た服装で暮らしていたようなのです。発想も非常に古

＊11　西郷隆盛
一八二七～七七。薩摩藩の下級藩士だったが、将軍・島津斉彬に登用されて側近に。討幕派として薩長同盟と王政復古、戊辰戦争を指揮し、勝海舟と江戸城を無血開城へと導いた。

＊12　高松塚古墳
七世紀末～八世紀初めに造られた奈良県明日香村の古墳。一九七二年、青龍・白虎・玄武や日月、星座を描いた壁画つきの石室が発見されて話題になった。国宝・特別史跡。

いものがよく残っていまして、「妹の力」を信じていたりする。妹が霊力をもっていて、浜辺で男の出世を祈ります。女の祈りが、男の安全に通じる。狩猟をやっていた古代社会の民俗事例が、ごく最近まで「言霊の力を信じる」という形で残っていました。

沖永良部島で牢屋に閉じこめられていたときの西郷隆盛の記録を、僕は奄美群島でいっぱい集めてきました。そこにおもしろいことが書いてあるのです。西郷が幽閉されている牢屋の前を、操という十五歳の子どもが走っていきました。すると西郷が牢屋の中から「おいオマエ、家族円満の方法は知っているか?」と訊くのです。

沖永良部島では「操」と「皆吉」と「土持」という三つの姓が村のリーダーでした。文字がわかる階層だった操家の子どもは、西郷に「五倫五常を守ることだ」と答えたというのです。

中西 出合い頭に「家族円満の方法は知っているか?」と訊かれて「五倫五常を守ることだ」と答えるとは、なかなかのものです。「五倫」とは、儒教で説く「親」(父子)、「義」(君臣)、「別」(夫婦)、「序」(長幼)、「信」(朋友)の関係性です。「五常」とは、同じく儒教で説く「仁」「義」「礼」「智」「信」でしたね。

磯田　西郷は牢屋の中から「そんなものは看板倒れになる」と怒ります。西郷は五倫五常を「怠け心が起こる良くない考えだ」と斬り捨てました。西郷は「そういう考え方は良くない」と少年の言葉を一蹴したあとで「家族円満の方法は、第一に欲を去ることである」と言うのです。

おいしい食べ物があったときには、まず自分より家族の誰かにあげようと思う。良い着物があれば、自分ではなくて誰かに着せてあげようと思う。お互いがそう思うようになれば、家族は仲良くなると西郷は言います。西郷は抽象化を忌み嫌い、「欲を去ること第一」という具体的な思考を好みました。これは彼が奄美群島で暮らして、一層そうなります。

リアリスト西郷隆盛の尊皇攘夷戦争

磯田　西郷隆盛は「人々は尊皇攘夷にとらわれ、天皇を敬って夷狄《いてき》（野蛮人）を討とうとする。そういう考えにとらわれて刀を振り回したところで、物事は一歩も前進しない」と苛立っていました。

「親には孝を尽くせ」「主君には忠義を尽くせ」という五倫五常の考え方が世の中に普及し、孝明《こうめい》天皇[*13]も「このまま幕府が永続してほしい」と思っていました。島津《しまづ》斉彬《なりあきら》[*14]の異母弟である島津久光《ひさみつ》[*15]も、本音では「西郷よ。お願いだから幕府を武力で倒すなんてムチャは、やめてくれ」と考えていました。力ずくで幕府を倒すのではなく、緩やかにソフトランディングさせてくれれば充分と考えていたのです。

「幕府も天皇のもとに集まって、大名会議か何かを作って集団運営する。その集団運営の中で盟主になればいい」というくらいのことを、島津久光は考えていたのでしょう。

中西　ところが西郷隆盛は、天皇とも主君である島津久光とも、考え方が合いませんでした。

磯田　ええ。西郷は極めて具体的な方法を使って、主君の意志とは違う革命をやりました。四斤山砲（四ポンド山砲）という大砲の前に幕府の密集隊形をおびき寄せて、その上に大砲の弾を落とすのです。大砲の弾は炸裂弾ですから、そんなものを食らった部隊は、たまったものではありません。クモの子を散らすように敗走する幕府の部隊に、西郷は錦の御旗を見せつけて、幕府の権威を叩き潰しました。

中西　じつに具体的ですね。

磯田　「尊皇攘夷」という抽象的な四文字熟語を、西郷は具体的作業へと転換したのです。「薩摩に抽象なし。具体のみあり」です。

映画「殿、利息でござる！」原作に描かれた「日本人の体面」

中西　「具体化」と「抽象化」というお話をうかがいながら、磯田さんが『無私の日本人』

＊13　孝明天皇　一八三一〜六七。攘夷論を主張。「公武合体」を実現するため、妹の和宮を第一四代・徳川家茂と結婚させた。第一五代・慶喜の将軍就任直後に急死し、謀殺されたとの説もある。

＊14　島津斉彬　一八〇九〜五八。薩摩藩主。開国と殖産興業を主張し、将軍継承に一橋慶喜を推して井伊直弼と対立を深める。洋学を取り入れて洋式工場を建設し、洋式の軍艦や装備も導入した。

＊15　島津久光　一八一七〜八七。島津斉彬の異母弟。斉彬の死後、「国父」と呼ばれながら薩摩藩で権勢を振るった。「寺田屋事件」「生麦事件」の当事者としても、歴史の一ページに名を刻む。

磯田　（文春文庫）で書かれた穀田屋《こくだや》十三郎《じゅうざぶろう》*16の話を思い出しました。『無私の日本人』所収の「穀田屋十三郎」は二〇一六年に「殿、利息でござる！」として映画化されました。穀田屋十三郎は江戸時代にオカネを仙台藩に貸し付ける金融業を始め、貧困にあえぐ故郷を経済的に救った人物です。

中西　仙台藩の宿場町・吉岡宿が経済危機に陥り、人々は困窮状態で苦しみます。伝馬役（宿場町と宿場町の間で人や物資を運ぶ仕事）の経費がまかなえなくなってしまったとき、伝馬役の平八が早坂屋に駆けこんで「宿場町を救うためにアンタのカネを出してくれ」と迫りますよね。

早坂屋は「そんなことは嫌だ」と断りますが、平八は引き下がらない。伝馬役の下っ端、人足のような身分の平八が、店主として雑穀屋を仕切る早坂屋新四郎に「そんなことを言っていたらあなたの体面が保てませんよ」とにじり寄ります。

磯田　たとえ身分が高かったりオカネもちであっても、身分に応じた社会貢献をしなければ、その人は人々から「卑怯者」の烙印を押されて軽蔑されたようです。

中西　磯田さんが書かれた『無私の日本人』には、こういう記述がありました。

日本人は素晴らしいと宝物を発見したかのように報告した戦国時代の宣教師

がいた。

体面というものの占める割合が著しく高かった。この国民性は、すでに戦国時代にはヨーロッパ人宣教師が発見し、まるで宝物でもみつけたかのように報告している。

宿場町を救おうとした江戸時代の町民たちは、まさに「体面」という抽象概念に突き動かされてリスクを背負いました。「体面」という概念は、英語にすんなり直訳できません。英語の辞書を引いてみると「honor」（名誉）とか「reputation」（名声）と書いてありますが、これではしっくりきませんよね。

磯田　「体面」を敢えて別の言葉で言い換えるならば「評判」に近いかもしれません。

中西　英語の辞書には「dignity」（威厳、尊厳、品位）、「appearances」（見栄）といった言葉もありました。「体面」とは「体」＋「面」（顔）です。つまり「体面」は微妙に

＊16　穀田屋十三郎
重税を課す仙台藩のせいで吉岡宿（現在の宮城県大和町）は財政破綻寸前に。仲間から私財を集めて福祉基金を創設。仙台藩に千両を貸す金融業によって、吉岡宿の窮状を救った。

変化する表情も含んでいますし、ときには顔面蒼白になってしまったりもします。
要するに「体面」とは「社会的な位置づけ」とか「認知度」なのでしょう。江戸の人々は、こういう極めて抽象的な概念を大切にしながらたくましく生きていました。

お百姓さんの「家」意識

磯田　早坂屋新四郎のようにお店をやっていた江戸時代の人々は、土地や建物、金品や財産のことを「身代《しんだい》」と呼んでいました。これは半ば誤字に近いですが、「身代」が転じて「進退」と書いた例もあります。
先ほどの「体面」の話とも関わりますけれども、誰かの目につくお店や財産を「体」になぞらえ、評判をおとしめることなく生き残れるかどうかについて「代」という字を当てたのです。

中西　自分の身がまとう「体面」が、子や孫にまで代々永続していくかどうか。人々はそこを価値の中心としていました。

磯田　お百姓さんは、よく「百姓を取り続き」とか「百姓成り立ち」とか言います。殿様に対して、百姓が異議申し立てをしたり意見を言うときには、「百姓成り立ち申さず迷惑つかまつり候」という言い方をするのです。これについては、早稲田大学名誉教授の深谷克己さんが、深く考えられています。「殿様の政策を放っておいたら、仕事がバタバタ倒れていって、百姓は永続しません。何とかしてください」と窮状を訴える。

日本人は近代に至るまで「家を潰す」という言い方をしてきました。「人間として一番やってはいけないことは、代々続いてきた自分の家族の永続性を絶つことだ」という考え方は、田舎に行くと、いまでも強く残っていますね。

エリート層の中では、「家」意識は古代からありました。庶民にまで「家」意識が入りこんでからまだ二〇〇〜三〇〇年しか経っていないのに、人々は「体面」という形で「家」としての美徳にこだわってきたのです。

「まさきく」と「さきわう」にこめられた幸福観

磯田　万葉集の言葉を見ていると、日本人は「続く」ことに多大なる幸福観を抱いてい

中西　たことがうかがえます。僕は「まさきく」（真幸）という言葉が大好きなんですよ。〈磯城島《しきしま》の日本《やまと》の国は言霊《ことだま》のたすくる国ぞま幸《さき》くありこそ〉（巻十三―三二五四）という柿本人麻呂の有名な歌があります。素晴らしい歌です。

磯田　万葉集には〈磐代《いはしろ》の浜松が枝《え》を引き結び真幸《まさき》くあらばまた還り見む〉（巻二―一四一）という歌もあります。

中西　万葉集にある「幸福になる」「豊かに栄える」という意味の「さきわう」という言葉も大好きです。

磯田　山上憶良《やまのうえのおくら》*17が〈倭《やまと》の国は　皇神《すめがみ》の　厳《いつく》しき国　言霊《ことだま》の　幸《さき》はふ国と　語り継《つ》ぎ　言ひ継がひけり〉（巻五―八九四）と歌っていますね。言葉がもつ不思議な働きによって、国が幸福になり、豊かに栄えるという意味です。

中西　「さきわう」の「さき」は、おそらく「前」という意味でしょう。「わう」は「賑わう」と同じ接尾語です。「はふ」というのは、蛇が這うように……。

磯田　幸いが広がっていくのですよね。

中西　広がっていく。伸びていく。蛇が進むように、どんどん前へ前へと伸びていく。永続して移動し、進んでつながっていく。その基底に「幸い」があるのです。人間にとって幸福とは何なのでしょう。

組織や国家にとっての幸福とは何なのか。それは「さきわう」ことである。先へ進み、つながっていく。断絶されない。止められない。こういう幸福観が、万葉人の基底部に流れていました。

イギリス王室と天皇家

磯田 この章の冒頭に立ち返るならば、万葉人は「命に向ふわが恋」と先へ向かう志向性をもっていました。進行性、永続性、前へ前へと進んでいくことに対して強い興味をもつところは、江戸時代の人々も変わりません。

僕が「穀田屋十三郎」で書いた東北の小さな寒村は、「このままでは自分たちは

＊17 山上憶良　六六〇～七三三ごろ。遣唐使として唐に渡ったのち、伯耆守や東宮侍講、筑前守を歴任。筑前守時代には大伴旅人の影響で儒教・仏教・老荘思想を学ぶ。万葉集に多くの歌が収録。

永続できない」というのっぴきならない危機意識を抱きました。「あなたの身代が続くためには、みんなで一致団結して協力しなければいけない」。町民が悲痛なまでにそう訴えて、寒村は生き残ることに成功します。

同一集団の中で見栄を張り、体面と体裁を保つ。こうして人々は危機の時代を生き抜いてきました。

中西　イギリスの王様はエリザベス二世、三世とお世継ぎが後を継いで永続していきます。日本人の場合「名前の永続性」「家の永続性」にはこだわりがあっても、必ずしも「血統の永続性」には拘泥しません。

磯田　日本の家の場合、伝統的に婿養子が三割くらいなんですよね。江戸時代までの近代日本には、明らかに神へ連なる永続性が脈打っていました。そこさえ永続していれば、「家」の永続性を必ずしも血統によってつなげる必要はなかったのです。婿養子を一度も取らず、これまでずっと長く永続してきた家が、一軒だけあります。天皇家です。

中西　たしかに、お世継ぎに恵まれなかったからといって、天皇家が婿養子を取ったという話は聞いたことがありません。側室を置かなくなったのは大正天皇からであって、明治天皇までは側室が何人もいたので、お世継ぎの絶えることがありませんでした。

磯田　天皇家のような永続性にあこがれつつ、人々は婿養子を取りながら「家」意識を代々共有してきました。程度の差こそあれ、日本人はみんないくばくかの名門意識、王孫意識をもって「家」を見てきたのではないでしょうか。

中西　だからみんな個人名の墓は建てず、「××家之墓」という「家の墓」を建てるのですよね。死んだあとには個人が完全に消滅してしまう。極端に言えば「家を継ぐのは一人だけでいい。次男や三男はどこで野垂れ死んだっていい」くらいに突き放していたのでしょう。

磯田　鎌倉時代まではそんなことはありません。墓は個人のものですし、墓石さえほとんど建てていない。死んだ人を埋めた場所にはただ石を置いてあるだけで、何かを建ててもせいぜい五輪塔（供養塔）くらいです。そこには俗名は書きこみません。墓の形態を見ると、日本人の「家」意識と死生観が変わってきている様子がよくわかります。

「有馬記念」を創設した名門・有馬家

磯田　江戸時代の武士は、「バトンランナー制」だったと思うのですよ。「家は末代、人は一代」という考え方です。

中西　そうですね。おそらく江戸の武士は、バトンをもって一代の人生を走っている意識だったのでしょう。

磯田　子どもには一文字ずつ親の名前をつけて、次の代へのバトンを託します。昔の家では親と似たように生きることを強いられてきましたし、江戸時代の公家さんなんかだと、たとえば冷泉家のように、「定家様《ていかよう》」という藤原定家《ふじわらのていか》*18が書いた書体を、代々の当主が延々と書き続けて練習しました。

中西　書体まで親と似通った形に揃えて、親と子が同じように生きていったのですよね。古代中国では「排行」といって、年上の順から「伯」「仲」「叔」「季」といった字を当てていきました。時代が下ると、名前に「八」や「十二」など漢数字を加えて年次を識別するようになります。

ですから中国では名前を見ると、祖先から何代目に当たるかすぐ計算できます。山東半島に行くと、孔子の八二代目にあたる子孫が現存していたりします。孔子の子孫を全部数えていくと、世界中に三〇〇万人もいるなんて笑い話もありますが。

磯田　昔は「仁」の文字がつかない天皇も一部にいましたが、天皇の名前には必ず「仁」の文字がつきます。ちなみに僕の家でも、父と私、息子の名前にそれぞれ「道」が入っていたりしますが。

中西　そうですか。わたしの進も父親の新太郎から新の音をとったものです。弟は郎をとって朗。親の字から一字もらう美風は、だんだん廃れてきましたね。家系を守る意識が、希薄になってきたのでしょう。有馬家の家系には「寧」の一文字が入りますよね。

磯田　「寧」の文字が名前に入っているだけで、有馬家の人だと識別できる。

＊18　藤原定家
一一六二〜一二四一。『新古今和歌集』『新勅撰和歌集』『小倉百人一首』の撰者を務め、『源氏物語』の校訂・研究も推進。十九歳から日記『明月記』を五六年書き続けた。

中西　家の意識として、同じ文字を使うのはロゴと一緒です。

磯田　屋号であり、看板みたいなものですよね。

中西　たとえば片仮名の「カ」の書き方だけで、ひと目でカルピスとわかる。それがロゴですね。ちなみに日本で一番古い戸籍は、奈良時代の養老年間（七一七〜七二四年）までさかのぼります。現在の東京都葛飾区と江戸川区にあたる場所で、日本最古の戸籍が見つかりました。

この家系図を見ていると、ほのぼのと一家の人々の姿が浮かんできたことがありました。

平安時代の怪談噺

中西　平安時代の物語の中で、のちのち「ケッタイな物語だ」と評判が悪かったのは『浜松中納言物語《はままつちゅうなごんものがたり》』*19でした。死んだお父さんが中国で生き返り、息子が訪ねていく話です。中国でお妃様《きさき》に恋をしたものの、恋愛は成就せず泣く泣く日本に帰ってきました。吉野（現在の奈良県）にいる姫君を訪ねてみたところ、姫君の体内に当のお妃が入りこんでいることが判明した。そういうケッタイな再生の物語です。平安時代には『夜の寝覚』（『夜半《よわ》の寝覚』とも言います）という話があります。これまたケッタイな話でして、男から袖にされた女が「私は死んじゃう」と死ぬんですね。ところがどういうわけか、家に帰ってくると死んだはずの女が生き霊として再生していました。

こういうケッタイな物語が人々に受け入れられる素地が平安時代にはあったようです。現代人は「生き続ける」と言うけれども、平安の人々は「死に続ける」とも言うべき生命観をもっていたのかもしれません。

磯田 「生き続ける」ならぬ「死に続ける」。この感覚は、現代人には容易には想像がつきません。

中西 死を「事件」としてとらえると、その時点でもう生は終わりです。死を「事件」

＊19 『浜松中納言物語』
平安後期に書かれた物語（別名『御津の浜松』）。菅原孝標の娘が書いたとされるが、作者不明。話は唐に飛ぶのみならず、夢のお告げや輪廻転生も盛りこむ。全五巻（一〜二巻は欠巻）。

ではなく「状態」としてとらえるとすればどうでしょう。古代における「死」とは、「事件」ではなく「状態の変化」だったのではないか。これが私の持論です。

西郷隆盛の米炊き係

磯田　『浜松中納言物語』や『夜の寝覚』のお話をうかがいながら、西郷隆盛の変わったエピソードを思い出しました。西郷隆盛が奄美大島まで島流しに遭ったとき、一人寂しくお米を炊いていたそうです。あまりにも気の毒な様子なので、奄美大島龍郷（現在の龍郷町）に住んでいた十五歳の女の子が、「オマエがお米炊きの係として西郷隆盛のところへ行け」と命じられました。まだのちに子をなす愛加那《あいかな》と西郷が、一緒になる前です。

するとと少女は何と言ったか。「あんなうとろし（怖ろしい）者のところへ行くぐらいなら、山の崖から飛び降りて死ぬか、川の崖から飛び降りて死ぬ」と泣いたのだそうです。

中西　本土からやってきた海の者とも山の者ともつかぬ西郷の近くで世話係をやるくら

いだったら、死んでしまったほうがいい。よっぽど嫌だったにしても、かなり過激な発想ですね。

磯田 現代人が「地方都市から東京へ出ていく」とか「村の外へ生まれて初めて出かける」ということと、崖から飛び降りて死ぬことは、愛加那にとって、さほど違わない感覚だったに違いないと僕は思いました。「そんなワケのわからない人間と暮らすくらいだったら、死んだおじいちゃんやおばあちゃんが暮らす家（墓）に入ったほうがいい」と考えたのでしょう。

西郷隆盛と一緒に暮らす「家」と、自分の先祖が眠っている「家」のどちらを選ぶのか。崖から飛び降りて海に落ちるのは、先祖の「家」に行くための扉くらいにしか考えていないフシすらあります。

西郷から直接危害を受けたわけでもないのに、西郷という男から逃げるためなら死んでしまってもいい。こういう発想がありうることを知ったとき、僕は「人間がいつも同じ考えで生きていると思ったら大間違いだ」と思い知りました。

第3章
人生観の歴史

東洋と西洋の死生観

中西　現代科学は死を恐怖の対象と見ています。その理由はなぜでしょう。死について「もう一つの別の世界に入る」とイメージしてしまうことが、人が死を怖れる一つの理由でしょうか。

たとえば姨捨山は、世話をするのが煩わしくなったお年寄りを背負って登り、山頂に捨ててしまう「死の山」として語られてきました。この残酷な伝説は、平安時代の『大和物語』*1や『今昔《こんじゃく》物語』*2、室町時代に世阿弥《ぜあみ》*3の能「姨捨《おばすて》」でも語られています。

姨捨山という「死の山」にも同じように木も草も生えているのに、この世とは別の空間として存在している。その「死の世界」に入ることを、人は怖ろしい感情で想像しました。

古代の人々にとって、死はいまよりずっと身近な存在だったとも言えますが、仏教が入ってきて「地獄絵図」が戯画化されたこともあり、人々にとって死は俄然、具体的に怖ろしいものになりました。

磯田　古代日本人には永続的に続く「家」がありましたし、自分は営々として続く「家」に連なる粒子の一つにすぎない、と人々は考えていました。そのおかげで、それほど死を怖れていなかったのだと思います。

中西　キリスト教の信者は死を「神に召される」ととらえます。こういう宗教観は、人間が抱く死への恐怖を変えたかもしれません。

磯田　砂漠で一神教を信じる人たちの中には、死んでからも自分はどこまでも「個」の

＊1　『大和物語』
平安中期に書かれた歌物語。和歌を中心として構成され、さまざまな身分階層の恋愛物語や伝説をテーマに据えた一七三編の説話が編まれる。有名な「姥捨山」伝説も綴られる。

＊2　『今昔物語』
平安後期に編まれた全三一巻（一〇五九話）の大説話集。説話は「今は昔」の語り起こしから始まるのが特徴。インド篇、中国篇、日本篇の三部構成として巧みに編集されている。

＊3　世阿弥
一三六三ごろ〜一四四三ごろ。観阿弥の長男。足利義満の支援を得て、能役者・謡曲作者として活動。「老松」「高砂」「井筒」「砧」などのほか、能楽論『風姿花伝』『花鏡』を著す。

状態であり続けると考える人がいます。「運命の日」「最後の審判の日」に、自分の魂が神に裁かれる。

中西　多神教とアニミズム（自然界の森羅万象にそれぞれ霊魂が宿るという自然信仰）のもとで暮らしてきた多くの日本人は、「たとえ自分が死んでも、鳥や虫になってフラッと再びこの世に現れるのだ」と考えます。古代文学を読んでいると、そういう生命観がけっこうたくさん書かれていますよね。虫の音や鳥の鳴き声、山へ帰る鳥を見ながら、単なる動物や昆虫ではなく、人間と同じ生命のあらわれと見るのです。

植物に木霊《こだま》という精霊が宿ることは、『源氏物語』[*4]や『徒然草』にも出てきます。山で「ヤッホー！」と叫んだときに返ってくる谺《こだま》は、天狗や天邪鬼など山の神の声だと考えられていました。

磯田　この世に生きている人は、動植物の生命の中に死者を見出す。一度死んだ人が、別の生命体としてまだ生き続けているととらえるのです。

中西　生者も死者も共存しているのですね。

磯田　一度死んだからといって、生命が完全に消滅したとは考えないのです。そんな死生観がどうもあります。

「草葉の陰」とはどこにあるのか

中西 中世の説話や民譚《みんだん》を読むと、当時の人々が、生者と死者が渾然一体となった生命観をもっていたことがわかります。『源氏物語』では、光源氏が数多くの女性と恋愛しました。ところが夕顔という女性と共にいると、死んだ六条御息所が生き霊《すだま》として光源氏のもとに現れ、恨みつらみを言って去っていきます。するとと六条御息所の祟りに遭ったのか、夕顔が死んでしまう。このように、死者の霊は文学の中で非常にオドロオドロしい形で描かれてきました。

磯田 よく「草葉の陰から見ている」と言いますよね。「草葉の陰思想」とは、そもそも何なのかと考えこむことがあります。死んだ人間は、もう現世を見ることはでき

＊4 『源氏物語』
紫式部が書いた平安中期の長編（全五四巻）。与謝野晶子、谷崎潤一郎、田辺聖子、橋本治、瀬戸内寂聴、角田光代など多くの現代語訳がなされ、翻訳版は海外でも評価が高い。

ないはずですよね。なのにまわりの大人は、亡くなったおじいちゃんやおばあちゃん、死んでしまった友人知人の思い出話をするときに「草葉の陰でどう思っているのかね」なんて、噂話をする。

小さいころ「草葉の陰から見ている」と言われたあと、死んだ人が草葉の陰からこっちを見ているような気がして、一人で草むらを何度も、じっと見た覚えがあります。

中西　そういう意味深な言葉を幼いころに聞くと、耳朶にこびりついて大人になっても忘れられないものです。「草葉の陰から見ている」という言い方は、「だから悪いことは絶対してはいけない。オマエが何をしているか、死者がどこかで見ているのだからね」という戒めとして使われてきました。

「夢のお告げ」という言葉も「草葉の陰から見ている」と似ていませんか。異常体験をしたり、悪夢でうなされたときに、日本では「神様が教えてくれるお告げだ」ととらえます。「草葉の陰から見ている」とか「夢のお告げ」という考え方は、古代から日本でずっと温存されてきたのでしょう。

模倣で生まれる「もどき」「写し」の芸術

中西　あれこれと興味をもってきて思ったことですけれども、どうも日本人は西洋人とは違って特殊な感覚をもっていて、イミテーション（模倣）が悪いとは考えないらしい。むしろ「真似もいいものだ」と考える傾向があります。

磯田　それはありますね。

中西　絵や彫刻、焼き物や建築物にしても、「××写し」「××風」「××様」や「××崩し」「××もどき」がいっぱいあります。これらは全部イミテーションですが、それもまたいい。

磯田　誰かが自分の創作物の写しや偽物を作ってくれて、そのおかげで生活費を稼いで食べていけるのであれば、おおいにけっこうである。模倣をおおらかに認めるのが日本人です。

中西　ええ。じつに日本的な判断です。

磯田　京都の街をブラブラ散歩していると、あちこちに古美術商があります。店先にいたアメリカ人たちには驚きました。

なかなか熱心で、彼らは骨董品が本物か偽物か判別するために、スマートフォンのカメラで落款の部分を拡大しているのです。印鑑が本物と一致しているのかどうか、彼らはものすごくこだわります。

かたや店の主人は「日本人は全体の雰囲気が良ければそれでいいのです」と言っていて、その美術品が良いものかどうかは、雰囲気で判断しているようでした。イミテーションであっても、雰囲気が良ければそれでかまわないと考えるのです。

アメリカ人は落款を拡大して必死で確認し、印鑑の形状をまるで警視庁の鑑識みたいに、真剣に確かめている。こういう民族性の違いを見ると、とても楽しくなります。

中西　ドイツ人もそういうところにずいぶんこだわりますよね。ドイツへ出かけたとき朝食を食べるためにダイニングルームに行くと、給仕の係の人が「あなたは何分ゆでた半熟卵がいいか」と訊いてきます。三分なのか二分なのか、指定すればそのとおりにゆでてくれるのです。
どっちでもいいけど「三分」と言ったらそのとおりに作ってくれたので、翌朝は

「三分三〇秒」と言ってみました。すると三〇秒余計にゆでた半熟卵が出てくるのですが、中味はほとんど変わらない。熱燗なのか、人肌のぬる燗なのかという違いなんですけどね。

「ウソ偽り」「虚言」「空言」

磯田　イミテーションは悪いことでも何でもなく、文化の豊穣性、文化の多様性を示します。他方で「ウソ偽り」は認められるものではありません。万葉集には〈浅茅原《あさぢはら》刈り標《しめ》さして空言《むなこと》も寄さえし君が言《こと》をし待たむ〉（巻十一―二七五五）など「虚言」「空言」というネガティブな言葉が出てきます。

このところ、国会論戦で公文書の偽造や改竄、隠蔽といった問題がかまびすしく議論されていますよね。もちろん、官僚が公文書を偽造したり隠蔽するのはよくありません。きちんと後世に残さなければ、公文書をちゃんと残して、誰もウソを言わないようにしなければ、議会制民主主義は崩壊してしまいます。

それはそれとして、実際にはないことやウソ偽りを口にしても、世間ではわりとすんなり通ってしまう。ただ、こういう風土がこの国に存在する理由は、善悪云々は別として考えなければいけません。ウソの概念、偽りや空言は、万葉の時代から厳然としてあったのですから。

中西　「言霊の国」と言うからには、口にしたことが真であれ偽であれ、実際であれ空言であれ、現実に何らかの影響を与えることは間違いありません。万葉の時代から存在したウソや偽りから、我々は何を読み取れるのでしょうか。ウソ偽り論を、ぜひ中西先生から一度おうかがいしてみたかったのです。

磯田　私は「ウソ」という言葉が大好きなんですよ。「ウソ」という言葉は実は「アソ」（遊）と同じですから。

中西　ああ、なるほど。ウソを言っている人はゲーム感覚でふざけていますし、ホラを吹いてただ遊んでいることだってありますよね。

ウソは偽りとはまったく違います。偽りとは本当ではないことで、ウソはあくまでも遊びです。遊びですから、当たっているかもしれないし、当たっていないかもしれない。「それでいいじゃないか」で済ませるのが素晴らしいところです。これは教養であり、おおらかな文化度ですよ。

磯田　中西先生や僕が籍を置く日文研（国際日本文化研究センター）みたいなものですねえ。

中西　あはは。そうかもしれない。

磯田　全部が全部当たっていることばかりだったら、おもしろくもなんともありません。ウソか本当かわからない遊びの部分がないと、研究も人生も枯れたつまらないものになってしまいます。

中西　そうそう。ハンドルに遊びがないと、自動車は運転できないのですよ。遊びとしてのウソはあってもいいのですが、偽りはいけません。ヨーロッパ的な改変によって、人々は偽りとウソをゴチャ混ぜにしてしまいました。

磯田　「true or false」（正しいか間違っているか）の「false」の部分に、偽りだけでなくウソまで混ぜこんじゃったんですよね。

中西　「私はウソも言いません」「偽りも言いませんよ」という次のところで、「真《まこと》」だけが残るのです。物事にはウソと偽りと本当のことと三段階があるのに、ウソを偽りに含んで三つのものを二つにくるんでしまった。これは悪しき自然科学主義の弊害です。

遊郭で書かれた遊女の手紙

中西　昔から遊郭は一つの大きな文化圏を形成してきました。「遊郭＝猥雑な場所」として忌み嫌う人もいますが、遊郭のような場所こそ私たちに人間の本質を告げてくれたりもするものです。

磯田　遊女が書いた古い手紙は、僕もずいぶん読みました。

中西　いいでしょう。

磯田　いろいろ書いてあるのですが、それが本物のウソなのか、それとも遊びのウソなのか測りかねるのです。

中西　ウソであっても、そこには真実が書かれていたりします。我々だってみんなそうですよね。

磯田　「来てくれなかったらもう死ぬ」「寂しくて仕方ない」「魂も絶えなむ」なんて、いろいろ書いてあるわけですよ。手紙をもらった男が遊郭に行かなくなったら遊女は本当に死ぬかというと、死にはしない。

中西　そのあたりの匙加減は、遊びでありイミテーションですよね。おもしろいことに遊郭でも、結婚もどきに三三九度の献杯を交わし、夫婦の愛を誓い合っています。他の遊女に手を出すと総勢にいじめられる。
　窮屈な家族制度の中でコッソリ遊郭に遊びに行き、遊女と二人で家族制度の真似事をする。しかしそこには必ずウソという安全弁があって、現実社会の夫婦生活を破綻させてまで、遊女に入れこむことはしない。ウソという世界を知り尽くしたうえで、大人の男と女がウソを楽しんでいるのです。

「忠」と「心中」

中西　ただ安全弁があると言いつつ、ときどき遊郭で安全弁が壊れてしまう破滅型の人がいます。男女の間に「忠義心」があれば、遊郭では何に変容すると思いますか。

磯田　何でしょう。「真」ではなさそうですね。

中西　「忠」の文字をひっくり返すと……。

磯田　心中ですか！

中西　そうそう。色恋沙汰がこじれて二人が本気になり、一緒に死んでしまう。

磯田　忠義とは、本来は主君のために果たすものです。主君のために死ななければいけない命を、愛する女性のために使う。上方向に使わなければいけない命を、当時の身分階層としては下のほうにいる女性のために使ってしまう。

中西　痛烈で、シニカル（皮肉）なしたたかさをもって生きる。そして死ぬ。これが当時の民衆の強さですよ。〈雀の子　そこのけそこのけ　お馬が通る〉と小林一茶が俳句を作りますよね。「お馬に乗った役人が通るから、のいておけ」と歌いながら、腹の底では刀を脇に差した権力者を小バカにしている。民衆にはこういうしたたかさがあるのです。

「犬も歩けば棒に当たる」とも言いますよね。犬だって歩けば民衆を取り締まるお役人の棒に当たるぞ。歩いていれば何かには当たるだろう。「さわらぬ神に祟りなし」——こういう痛烈なシニシズム（冷笑主義）が、江戸の庶民の中にはありました。

磯田　元禄期に〈君とぬやるか（寝ようか）　五千石とるか　なんの五千石　君とねよう〉という歌が、はやりました。五千石取りの武士が、遊女と心中しちゃう。五千石といったらたいしたものですよ。大名の半分ですからね。遊女になんて入れこまなければ、五千石の旗本として権勢をほしいままにできる。なのに「五千石とるか　どっちにしようか」と悩みながら「遊女と寝よう」という方向に舵を切って、最後は心中まで行っちゃうのです。

中西　五千石というところが、またおもしろいですね。多くのお大名なんて威張っているけど、せいぜい一万石くらいでしょう。しかし五千石は大身の侍です。だのにそんな財産なんて、遊女一人のためならかなぐり捨てたって構わない。そういう大げささの楽しみですね。

一昔前の遊女の歌に、大佐中佐少佐は老いぼれでといって「大尉にゃ妻がある若い少尉にゃカネがない　女泣かせの中尉殿」というはやり歌がありましたかね。うろ覚えですが、中尉くらいがちょうどいい。こちらはちょっと切ない。

磯田　一九四五年の太平洋戦争敗戦まで、多くの日本人が上への義務や忠義を一応は重んじていました。でも忠義という義務感だけでは覆いきれない情緒、感情が誰の胸にもある。それがおもしろいところです。

中西　意外と権威はもろいですし、忠義なんて崩れてしまうのですよね。「自分は殿様から虐げられている」と腹の底で不満を抱えている民衆は強い。ただし下克上はなかなか起こらず、平和な社会が保たれてしまうのが不思議なところです。いつの時代だってデタラメをやっている政治家や官僚にみんな憤っているはずなのに、権威や権力はなかなか崩れません。同時に、日本には絶対的な君主がやたらと生まれないバランス感覚もあります。昔から民衆は権威・権力を絶対視せず、たくましく突き放して客観視してきたのかもしれません。

仏教の四恩思想

中西 磯田さんは著書『無私の日本人』で、江戸時代の人々の「公《おおやけ》」の意識と責任感について活写されました。「忠義」と「恩」という観念について、日本人はどのようにとらえてきたとお考えですか。

磯田 「忠義」と「恩」についての日本人の観念は、南北朝（一三三六〜一三九二年）あたりで一回変わったような気がします。

「恩」という言葉を万葉的に展開すると「陰」とも読めるかもしれません。光っているものの影響を受けて、自分も光り輝いて浮かび上がれる。それが「恩」であり「陰」であり、「お陰さま」です。

中西 日本書紀では「恩頼」の文字に「みたまのふゆ」という訓みがなをつけていますよね。別の訓み方の「めぐみ」には植物が「芽ぐむ」という意味もあります。

磯田 ええ。輝く太陽の光が当たり、草木の芽がウワッ！と芽吹く状態が、おそらく「恩」だと考えられたのでしょう。仏教には「四恩」という思想もあります。

中西 心地観経では、①父母の恩、②衆生の恩、③国王の恩、④三宝（仏・法・僧）という四つの恩でした。

磯田 「四恩」の重みは、南北朝あたりから変容していきました。南北朝の土地争いはあまりにもひどかったため、「四恩」より上位に来る「恩」が生まれたのです。

農民は田んぼや畑で耕作を続けられるよう、土地の安全を保障してくれる主君と主従契約を結ぶようになります。領主として仰がれた主君は、それこそ田んぼや畑に光を放ち、太陽のように家来や農民を守ってくれるのです。

土地を守ってもらった人間は、見返りに年貢や「役」と呼ばれる軍事サービス、何らかの報酬を上位者に与えます。土地をめぐり、支配者と被支配者の間で双務的な主従関係ができていきました。

中西　そうなると、かつては「四恩」に分類されていた「恩」が、次第に「家の恩」と「主君の恩」に収斂されていきますね。

磯田　そういう傾向がものすごく強くなっていったのが、南北朝から江戸時代にかけてではないでしょうか。もっと言うと、一九四五年の太平洋戦争敗戦直前の日本は「君恩」一辺倒で「一億総火の玉」の戦争に突き進んだのです。

二・二六事件の青年将校と上杉鷹山

磯田　「君恩」の主体者である主君について、戦前の日本人は親子関係になぞらえて考えるようになりました。「臣下は天皇の赤子」というように、国民は天皇の子どもであるととらえるのです。江戸時代には「民の父母」という言い方をして、大名は赤ちゃんを育むように農民を守る存在だと崇められました。

こういう考え方が朱子学《しゅしがく》*5と結びつき、「主君に対する家来や民衆は親子の関係である」「それは天の定めた理という法則であって、動きようがない」と言われるようになります。

中西　権威・権力を物ともしない革命家は、国王なり主君への「恩」を何とも思わずひっくり返してしまいますね。

磯田　ええ。西郷隆盛は「天皇、大名の上に天がある」と言い出します。天は大名や権力者のために存在するわけではない。民のために存在する。大名がおかしなことを言っているようであれば、それは天に背いている。主君の言うことなんて聞かなくてもいい。そういう論理立てです。

孝明天皇がいくら「幕府をこのまま維持したい」と言っても、主君や将軍がいくら「武士の世の中を続けたい」と言っても、「外国から侵略される危険が民に迫っている。民を守るための政権を継ぐことこそ天命だ」と言う。さらに過激な志士は、テロルの論理を正当化して、「天誅だ！」と言って気に食わない政敵を殺し始めるのです。

＊5　朱子学
宋の時代に周敦頤らが立ち上げ、朱熹がまとめあげた儒教の学説。「理気説」や「性理説」を柱とした実践的な倫理学・政治学は、江戸幕府によって正式な官学に採用された。

二・二六事件[*6]のときにも「天誅を加える」と言って、青年将校がしきりに天を持ち出して重臣を斬っていきました。もちろん青年将校も、自分たちがやっていることが天皇の命令に反していることはわかっています。昭和天皇は「高橋是清《たかはしこれきよ》[*7]を輪切りにしてほしい」なんて、絶対思ってはいません。でも彼らは「高橋是清は君側の奸だ。天は高橋是清を輪切りにしろと命じている」と考えるのです。

上杉鷹山《うえすぎようざん》[*8]の場合は、二・二六事件の青年将校とはまったく違います。「衆生の恩」を重んじる鷹山は「君子は民に奉仕する義務を負う」という思想で、経世済民に徹しました。このように日本人は時代に応じて、四方向からの恩をいろいろな意味に組み替えてきたのです。

三条大橋で京都御所へ向かって土下座する男

中西　十返舎一九の『東海道中膝栗毛』に、江戸の庶民が大道芸をやっている様子が出てきます。道端でガマの油みたいな怪しげなものを売っていたり、武士崩れみたいな浪人風情が謡曲を謡っていたりします。

ところが武士崩れのところには、退屈で誰一人近寄ってこない。一応は武士だからといって威張ってはいるのでしょうけど、実際の力はゼロに等しいし、そんなヤツにヘイコラ頭を下げる必要もない。民衆のしたたかさを感じます。

磯田 それにしても幕末の武士は、なぜ主君のためにあんなに大勢討ち死にしたり、簡単に切腹したのでしょうか。「主君からそれ相応の反対給付をもらえていたから」というだけでは、どうも説明しにくい。「代々の譜代化」という価値観の中で暮らしているうちに武士がどんどん純粋培養化され、非常に現実離れした人間像が形成

＊6 二・二六事件
一九三六年二月二十六日、陸軍の青年将校によるクーデター未遂事件。斎藤実・内大臣や高橋是清・大蔵大臣らを殺し、国会議事堂と首相官邸を占拠。クーデターは失敗に終わった。

＊7 高橋是清
一八五四〜一九三六。日銀総裁、政友会総裁、首相などを歴任。とりわけ大蔵大臣は山本権兵衛、原敬、田中義一、犬養毅、斎藤実、岡田啓介内閣で長く務めた。二・二六事件で暗殺された。

＊8 上杉鷹山
一七五一〜一八二二。米沢藩主として藩政改革に邁進し、質素倹約、米沢織などの殖産興業で藩を立て直す。鷹山の経営哲学は今日も評価が高く、多くの経営者から敬愛される。

されていきました。

中西　「譜代」とは「代々特定の家に仕える奉公人」とか「族姓・系統」といった概念です。現実という空間概念で物事を考えるならば、たとえ主君のためとはいえ、腹を切って自害するなんて、とんでもない行動です。「家」意識と歴史感覚、時間概念の中で物事を考えていると、「譜代」の行動規範が突拍子もないものになってしまうのかもしれません。

磯田　場合によっては、主君から何ももらっていないのに忠義を尽くそうとする人たちまで世の中に現れることもあります。

たとえば京都の三条大橋に、高山彦《たかやまひこ》九郎《くろう》*9という男が、京都御所の方向へ向かって土下座している像がありますね。天皇は彦九郎に対して、何の領地も役職も与えていません。でも彼の中には「草莽《そうもう》」という概念があるのです。

中西　「草莽の臣」とか「草莽の士」と言いますね。「草莽」とは草ボーボーの野っ原のことです。武士のように徳川家なり伊達家に仕える身でもなく、天皇に仕えるわけでもない在野の名もなき人間であっても、心の中では「我こそは草莽の臣」「我こそは草莽の士」と身構える。一朝事あったときには、いつでも蜂起できる心構えを

磯田　もっている。そういう人がじつは民衆の中に大勢いました。

「日本という国土に生まれた以上は、自分は天皇の恩を被っている」「自分は天皇の家来だ」と認識した瞬間から、たとえ草むらに隠れて見えない存在であっても「草莽の臣」「草莽の士」としての誇りをもつのです。すると天皇の家来である将軍も自分も、「天皇対家来」という意味では並列関係になるわけです。怖ろしい飛躍です。

中西　E・ドマルスという精神病理学者が、同じことを精神病の症例として言っていたのを思い出しました。「アメリカの大統領は合衆国で生まれた。私はアメリカで生まれた。だから私はアメリカの大統領だ」と（笑）。

磯田　報奨金も土地も何ももらっていないのに、天皇のために平気で命をかける人たちが、幕末に一定数現れました。その勢いに乗って、近代化へ向かうワッショイワッッ

＊9　高山彦九郎　一七四七〜九三。勤王家として諸国歴遊の旅を続け、久留米で切腹自決。京都三条大橋から皇居を拝むなどの奇行により、蒲生君平、林子平とともに「寛政の三奇人」と評される。

ショイという明治維新のお祭りが始まりました。

吉田松陰と大塩平八郎

中西　「草莽の臣」「草莽の士」のかけ声のようなものが折り重なり、やがて実体として世の中を動かそうとする。これは乱世の一番の象徴です。江戸時代、特に江戸末期のころは、草莽の人々にとって本当に生きづらい世の中だったと思います。浦賀沖にペリーの黒船[*10]が来てからはなおさらです。

なぜ殿様が偉いのでしょう。ひとえに治安力、警察権をもっているからです。ところが新正規軍という連中が夜な夜な現れて人殺しをやり、殿様は恐れをなして警察権を放棄してしまう。幕末の時代は、よっぽどおかしな異常事態としてとらえなければいけません。

それから「『中国の思想だ』と言っておけば当然通るだろう」という空手形を振り回す場面も、日本史の中ではずいぶん多かったんじゃないですか。

磯田　そう思います。朱子学も元来は中国由来の思想なので、日本人の体にはあまり馴染まない。なのに日露戦争のころには、西洋式の国家にその中国の思想を使って日本風にアレンジし、国家統合の象徴にしていった。最後はおかしなスローガンをたくさん掲げて、昭和の怖ろしい戦争の時代に向かっていくわけです。

中西　幕末の吉田松陰[*11]や大塩平八郎[*12]だって、最初はただの観念論者だったはずです。その観念論者が、あっという間にテロリズムの実行者になってしまう。言うことは立派な哲学者のようですが、やっていることは麻原彰晃みたいな犯罪者とたいして変わらない。まさに乱世です。

＊10　黒船
一八五三年、アメリカ海軍ペリー提督の黒船が浦賀に来航し、開国を要求。翌一八五四年、日米和親条約を調印する。船体の色が黒だったことから、「黒船」は外圧の象徴となった。

＊11　吉田松陰
一八三〇～五九。幕末の長州藩士。ペリーの浦賀来航時に海外密航に失敗し、入獄。出獄後、松下村塾で尊王攘夷運動の青年志士を育てた。安政の大獄の弾圧で死刑に処される。

＊12　大塩平八郎
一七九三～一八三七。江戸時代後期の陽明学者。天保の大飢饉で飢えた民衆を救うため、蔵書を売った篤志家として知られる。飢饉に対応しない政府に対し大阪で義挙を起こすが、失敗して自決。

磯田　ちなみに吉田松陰が書いたものを見ると、万葉集で歌われるような恋歌の概念がほとんど存在しません。牢屋の中にいるとき、あこがれの人はいたようですが、革命に殉じているので、温かい家庭生活もない。生涯未婚です。おそらく生涯に一度も、女性と交わったことすらなかったのでしょう。

「防人の歌」と「名無しの東歌」

中西　万葉集には恋歌もいっぱいありますが、片方で痛烈な政治批判もしています。「あの領主は悪い奴だ。おれが仮病を使ったのに兵隊に指名した」というような。もっともこの仮病は熱病だという解釈もありますが。民衆のアイデンティティが万葉集にはあるのです。万葉の時代に、壬申《じんしん》の乱[*13]が起きて前王朝が倒れました。そこから王権が一〇〇年続きます。

この最後のドロドロの限界の中で、万葉集が編まれました。あの乱世の時代に恋に命をかけたのは、あまりに危険な状態だったからこそ、どうにかして心の安寧を得ようとしたのでしょう。

磯田　近代になってから、万葉集の表面利用が進んだことも注視しなければいけません。万葉集には〈今日《けふ》よりは顧《かへり》みなくて大君《おほきみ》の醜《しこ》の御楯《みたて》と出で立つわれは〉（巻二十―四三七三）という歌があります。

中西　「醜の御楯」、つまり自分は卑しい身であるけれども、天皇陛下のために楯となって、命がけで外敵からの攻撃を守るという宣言です。

磯田　いったいどういう文脈でこういう歌が発せられたのかはさておき、軍部政府に民衆を糾合するために、万葉集を表明的に政治利用していきました。

中西　以前にも話題になりましたが、戦争は民衆を「数」としてしか数えません。名前のある兵士一人ひとりの人生を捨象していきます。

ところが興味深いことに、万葉集に歌われる「防人の歌」の多くには作者が固有名詞で入っています。万葉集には約一〇〇首の「防人の歌」があるのですが、〈防《さき》

＊13　壬申の乱
六七二年、大海人皇子（天智天皇の弟）と大友皇子（天智天皇の息子、弘文天皇）が皇位継承を争った内戦。一ヵ月の戦いの末、大友皇子は自殺。大海人皇子が天武天皇となった。

人《むり》に発《た》たむ騒きに家の妹《いむ》がなるべき事を言はず来《き》ぬかも〉（巻二十—四三六四）（若《わか》舎人部広足《とねりべのひろたり》）といったように、署名が入っているのです。

一方で東国の東歌は膨大な「作者不詳」の歌群、つまり民謡ですよね。「防人の歌」は、固有名詞を抹消したがる戦争遂行者に対する痛烈な反抗だったのではないでしょうか。

戦争賛美に利用された万葉集

磯田　いまのお話をうかがいながら、『無私の日本人』というタイトルの本を発刊したことを少し反省しました。無私の犠牲精神には尊い面もありますけれども、「私が無い」ことにはマイナス面もあります。昭和の軍隊は、兵士に「無私たること」「私がないこと」を厳しく要求しました。

中西　いえ「滅私奉公」なんてスローガンと、自分から私を捨てる心とはまるで違います。

磯田　赤紙をもらって徴兵されたときの兵士が、奥さんとどういう会話をしたのか。家族から引き剝がされた人の思いをすくい取る歌が、万葉集にはたくさん出てきます。

「大君の御《み》楯となりて」みたいな部分だけを断片に切り取って、よくわからない理由で人々を戦争に駆り立てる道具に歌集を使う。これは誤った万葉集の政治利用です。

中西　大伴家持が万葉集で歌った〈……海行かば　水浸《みづ》く屍《かばね》　山行かば　草生《む》す屍《かばね》　大君の　辺《へ》にこそ死なめ　顧《かへり》みは　せじと言立《ことだ》て　大夫《ますらを》の〉（巻十八―四〇九四）という長歌は、戦時中に作曲されて有名な軍歌「海ゆかば」に改編されました。

「兵士として海を行けば、自分は海水に浸かった屍となるであろう。兵士として山を行けば、草むす山中で屍となるであろう。自分は大君の足元で死ぬのだ。決して後ろは振り返らないと誓うのが丈夫の道である」

こういう歌を太平洋戦争の兵士に刷りこむとは、万葉集のとんでもない表面利用です。

磯田　当然のことながら「海行かば」と戦場を見はるかす防人の心中には、「私」そのものが渦巻いているわけです。戦場では、兵士の命が虫けらのように奪われかねません。そうなれば、妻や子どもとの家庭生活はメチャクチャになってしまいます。大伴家持は、国威発揚に努める近代の軍歌のような感覚で、この歌を詠んだのでは決してありません。人間としての兵士の言葉を刻もうとしたのです。

万葉集に歌われる「防人の歌」

中西　中国の『詩経』の中に兵役の歌がありまして、夫婦で唱和する様子が歌われています。おそらく万葉集に歌われる「防人の歌」の編集者は、教養的にそれを知っていて真似たのでしょう。

なお万葉集における夫婦の唱和は、武蔵の国の「防人の歌」にしかありません。ほかは父の歌一首を除いて全部兵隊本人の歌です。時の知事たる武蔵の国の守《かみ》が豊かな教養をもっていたおかげで、夫婦の会話が歌に詠まれたのでしょう。

万葉集にはこういう「防人の歌」もあります。

防人《さきもり》に立ちし朝明《あさけ》の金門《かなと》出《で》に手放《たばな》れ惜しみ泣きし児らばも（巻十四―三五六九）

「防人として戦場に旅立つ朝、私は立派な門（金戸）から手放たれ出かけようとしている。妻（娘、子）は別れを惜しんで泣いたことだよ」という悲しい歌です。

泣きの涙ではない「防人の歌」もあります。一つは、先ほども話題にのぼった〈今日よりは顧みなくて大君の醜の御楯と出で立つわれは〉という歌です。〈霰《あられ》降り鹿《か》島《しま》の神を祈りつつ皇御軍《すめらみくさ》にわれは来《き》にしを〉（巻二十―四三七〇）という歌にも泣きがありません。

前者は今奉部与曾布《いままつりべのよそふ》、後者は大舎人部千文《おおとねりべのちふみ》の歌でして、いずれも毛野国（上野と下野＝現在の群馬県）の軍隊で訓練を受けた正規兵です。

「今日からは皇御軍に参加するよ」と言う兵士は、毛の国（群馬）の軍隊に所属していました。しかしこれ以外のすべての歌は大伴家持が臨時にかき集めた農民集団の軍隊の歌です。おそらく恵美押勝《えみのおしかつ》*14あたりから命令されて、兵士を徴集したのでしょう。

だのにこれら二つの歌だけを取り上げて「万葉の時代の防人はこう言っていた」と断じるのは誤りです。「天皇のためなら自分の命なんて顧みない」「不惜身命の軍隊だぞ」。これが皇御軍（天皇軍）の旗印でありスローガンです。仕方なく臨時招集

*14 恵美押勝
七〇六～七六四。藤原仲麻呂の別名。橘奈良麻呂の反乱を鎮圧し、右大臣、太政大臣として権力を握る。孝謙上皇のもとから僧侶・道鏡を排除しようとして失敗し、処刑された。

の農民兵は「このオレの晴れ姿を母親に見せたい」と叫んでいたのでしょう。極限状況の男の心はじつに純一です。これから戦争に駆り出されて死ぬかもしれないのに、「皇御軍に参加するのは我が誉れだ」と自分を納得させる。このあたりの自我の閉じ込めが、つねに戦争における兵隊の心情なのでしょう。

磯田 人類はしばしば、集団としての戦争という狂気に陥ってきました。暴走する狂気をどうにか食い止めて正気にとどまるために、詩（ポエム）から汲みとる情は意外に強い力をもっています。

中西 「戦場でお国のために死ね」と言われてもあきらめるしかない絶望的な状況下で、ポエムは重要な意味をもちました。

歴史学の一次資料と二次資料

磯田 中西先生とこうして話し合っていることは、万葉集をはじめとする文献の記録に基づいています。記録がまったく残っていない状態で「当時の人々はこうだったのではないか」と論じたところで、それはただの推測でしかありません。つまり学問としての歴史学の世界では、文献や客観的証拠によって立証可能なものしか歴史とは呼べないのです。
本書第二章でも話題にのぼりましたが、『無私の日本人』の中で僕が描いた東北の農民たちや穀田屋十三郎の会話は、じつはほとんど資料に原文が残っています。ただし「当然あっただろう」と思われる合いの手などの細かい会話は、僕が想像から作成しました。「当然こういう場面はあったであろう」と推測可能なところまで文字にしたものを、僕は「史伝文学」と呼んでいます。

中西　いわば、歴史学と文学の中間にあるものですね。歴史学を厳密に追究していったら、冗談や与太話を含めた日常会話まで既成事実のように文字にするわけにはいきません。その点、文学にはフィクションや想像の要素も入りこんできますし、最近ではノンフィクション・ノベルという新ジャンルも文学の世界に生まれつつあるようです。

磯田　一次資料絶対主義者からは、「史伝文学」は批判の対象とされやすいものです。「あの場面は一次資料を見てもどこにも出てこない」という言い方は、一面では正しいとは思います。だからといって、一次資料に記録がないものが「存在しない」とは言い切れません。

それは当たり前ですよね。毎日細かく日記をつけている人なんて、世の中にはほとんどいません。彼氏と初めて会ってデートした日に、何回おトイレに行ったか、いちいち記録する変わり者はいないわけです。

資料に残っていないからといって、デートの日にウンコもしなかったし、オシッコもしなかったことになるのか（笑）。そんなわけはありません。彼氏に会いに行く日は、いつもと違う何らかの気持ちでおトイレに行くものでしょう。

中西　そこまでのディテールがいちいち記録されていないからといって、「ない」ことには当然なりません。一次資料絶対主義の陥穽にがんじがらめになりすぎると、逆に真実そのものがまったく書けなくなってしまいます。

西郷隆盛に寿司の折り詰めをもっていった勝海舟

磯田　西郷隆盛の従者に熊吉という男がいます。西郷が死んで数十年経った明治期に、村井弦斎《むらいげんさい》[*15]という食道楽が、熊吉から話を聴きとった仕事が記録されているのです。僕はこの資料を見つけて、『素顔の西郷隆盛』（新潮新書）という本で紹介しました。

勝海舟と西郷隆盛が江戸城を無血開城へ導いた交渉の席上、勝海舟が膨れた懐の中に手を突っこみます。その瞬間、近くにいた人はみんな、ピストルが出てくるかとドキッとしました。でも懐から出てきたのは、ピストルではなく、江戸前の寿司だったのです。

中西　緊張感あふれる二者会談に臨む勝海舟が、寿司の折り詰めをポンと西郷の前に置いて「土産にもってきた」と言ったのですか。興味深いエピソードです。

磯田　このエピソードは西郷の下僕・熊吉が後年語った回想録ですから、歴史学的に言えば、いささか価値の低い情報です。一次資料絶対主義者は「こんなものに重きを置いているようでは、歴史学者とは言えない」と眉をひそめるかもしれません。
でも、お寿司をもってくるくらいリラックスした気持ちで会談に臨んでいることは、勝海舟や西郷隆盛の心理状態を分析するうえで非常に重要な情報です。「史伝

＊15　村井弦斎
一八六三～一九二七。アメリカ留学から帰国後、報知新聞社に入社。新聞小説家として『小説家』『小猫』『日の出嶋』などを執筆。大衆向けの読み物『食道楽』も人気を博した。

文学」を書くうえで、こういうディテールを活用しない手はありません。

西郷隆盛は暗殺を避けるため、船に乗ったまま薩摩藩の蔵屋敷に入って初めて勝海舟と会いました。近くにいた熊吉によると、会話のひとことと目は勝海舟側から発したそうです。

「オレがこれから品川のほうへ行って、薩摩の軍隊を指揮する。オマエはこれから江戸城へ入って、徳川がたの部隊を指揮してくれ」。勝海舟はひとことと目をこう言うのです。こういう言葉を直接伝えることによって、自分と西郷は信用し合っていることを示した。

一次資料だけで歴史書を書くとなると、こういう会話は採用できません。何しろ手紙や文書に、こんなことをわざわざ書くはずがありませんから。明治維新を学術的に研究している歴史家は、この熊吉証言を誰も重んじないのです。会談の第一声がこれであったことは、十分信用に足ると思います。だから後年の聞き書きであっても熊吉証言を重んじ、僕は『素顔の西郷隆盛』に書きました。

中西　熊吉証言では、勝海舟と西郷隆盛の間にほかにどんな会話があったことになっているのですか。

磯田　西郷は「いや、まだどうにも戦が足りもはん」と言ったそうです。「江戸城郊外の原っぱへでも行って、お互いに一戦やってから話をしようか」と西郷が言う。勝海舟は「どうもオマエまでそういう考えだから困る」と笑ったそうです。

外交交渉は丁々発止で緊張する場面の連続ですが、いったい二人がどういう人間関係のもとで話を進めていったのか。熊吉の目と記憶が活写します。こういう証言は、一次資料絶対主義でやっていたら絶対すくい取れません。歴史学と文学の間にある「史伝文学」の世界は、僕は非常に重要だと思っているのです。

中西　賛成です。

『日本書紀』や『三国史記』から読み解く天智天皇の姿

中西　歴史学の常識としてすでに決められている形が金科玉条であって、あとに続く歴史家はそのセオリーをなぞらなければいけない。そんなことは誰にも決める権利はありません。『素顔の西郷隆盛』には、言ってみれば小説仕立ての記述もあります。

そういう新しい文学論文、新しい歴史論文を書いても何の問題もありません。磯田さんは「史伝文学」の可能性を切り拓き、新しい歴史と文学の読者をきっと獲得しているはずです。

磯田　ありがとうございます。そう言ってくださる方は、本当に少ないのです。

中西　学者はどこを目指し、なぜ論文を書くのか。私は、論文を書いて社会的認知を得ることが、学者の最終目的だと言っています。せいぜい五〇人や一〇〇人しかいない学界の権威者から認められることが、学者の最終目的ではまったくありません。

磯田さんの『素顔の西郷隆盛』と似たようなことを、私は『天智伝』（中公文庫）という本で試みたことがあります。大化の改新[*16]や白村江《はくそんこう》の戦い[*17]など、乱世を生きた天智天皇の人物伝を、『日本書紀』や『三国史記』[*18]『新唐書』[*19]などを素材に使って描きました。発表当時、この文体は毀誉褒貶相半ばしたものです。

「これはまったく新しい論述の形だ」と言われたこともありますし、「こんなものは学問ではない」という非難もありました。『天智伝』の中に出てくる細かい点をあげつらい、自分の考えに基づいて誤りとしただけの書評も出たものです。

批判も数多く出ましたが、私は「これこそ天智天皇の記述だ」と自信をもって『天智伝』を仕上げました。磯田さんが『素顔の西郷隆盛』を書かれたのと一緒です。

学問にある三つの段階

磯田　歴史学に限らず、学問には三つの段階があると思うのです。第一に、自然科学であれ技術開発であれ、人類がまだ誰も見ていない知見を発見する。さっきの話で言

＊16　大化の改新
六四五年、中大兄皇子と中臣鎌足が蘇我氏を倒して始めた改革。皇族や豪族の私有地開放、公地公民制、班田収授法や租税制の整備など、中央集権確立へ向けた大改革が始まった。

＊17　白村江の戦い
六六三年、唐・新羅に攻められた百済を助けるため、日本が白村江（朝鮮半島南西部）で応戦。敗れた百済王は高句麗に逃げ、百済の王族や貴族は日本へ逃げて百済は滅亡した。

＊18　『三国史記』
新羅・百済・高句麗の歴史を記した官撰の歴史書（全五〇巻、一一四五年完成）。金富軾らが編纂。朝鮮半島について編まれた公式の歴史書としては、現存する中で最古のもの。

＊19　『新唐書』
宋の時代に欧陽脩、宗祁らが編纂した中国の公式歴史書。一〇六〇年に完成した、全二二五巻の大著。『史記』『漢書』『三国志』などとともに「二十四史」の一つに数えられる。

えば、西郷隆盛と勝海舟が会談したときの具体的な場面の様子、これも学問的発見でしょう。そういう発見を活字化すれば、誰も知らなかった歴史の側面を知らせることができる。第二に、自分が得た学問的知見を世の中の人々の意識の中に浸透させていく作業があります。「どうもこれは正しいようだ」という知見を見つけたあとには、その知見を普及させて世の中の現状認識を変更していく。これが学問に取り組む者の第二段階の仕事です。

中西　まさにクリエイション（創造）ですよね。

磯田　中西先生の『天智伝』のように作品として発表する手もありますし、論文に限らず、新聞で発表する手段もあります。人類の知見を普及させるためには、媒体の形は書籍や紙媒体にとどまりません。「スーパー歌舞伎[*20]　ヤマトタケル」のような表現手段もあります。

第三に、学問の知見が社会へ影響を及ぼすにあたり、良い方向へ向かうように学者自身がきちんとアフターケアをする。学問にとって大事なのは、これら三つの手順ではないかと思います。

中西　ものすごく長い学術論文を書いたところで、なかなか広く理解者が得られません。

磯田　図版や写真を加えたり、文章の書き方や章立てをリーダブル（読みやすい）に工夫しなければ、読者に学問の知見はなかなか届かない。これは大変な労作業です。

現在日本で流通している本の七割は、首都圏で通勤するサラリーマンに売れるのです。電車の中でサラリーマンに本を読んでもらうために、①軽く持ち運べる、②電車の移動中、駅と駅の間で小見出し一つ分か二つ分の文章を読める、③通勤の行き帰りの間に、一章か二章読み進められる——といったところも大事にしています。要するに、働く人のジャマをしない。

中西　だから磯田さんが最近出される新刊は、新書という小さくて軽い判型のものが多いのですね。こうして磯田さんと編んでいる対談も、まさに新書の判型です（笑）。

磯田　社会で噴出する何らかの課題を解決するために、僕は『天災から日本史を読みなおす』（中公新書）という本も上梓しました。

＊20 「スーパー歌舞伎」
三代目・市川猿之助が一九八六年に創始。ワイヤーアクションによる宙乗りや、派手な音楽・照明を大胆に取り入れる。マンガ「ワンピース」も「スーパー歌舞伎」化された。

中西　新しい知見を古い文献の山から掘り起こし、その知見を一般に普及させて人々の認識を変える。この作業はとても骨が折れますが、やりがいがあるものです。

磯田　中西先生や私だけでなく、日文研（国際日本文化研究センター）という梁山泊のような場所で学問に打ちこむ研究者の生態は、一般にはなかなかうまく理解されにくいかもしれません。知的な営みは、遊びに似ています。働きながら遊び、遊びながら働く。こうして僕たち研究者は、一冊の新しい本を紡ぎ上げるのです。

第4章

経済に学ぶ日本人の生き方

仙台藩に一〇〇〇両を貸し付けた男

中西　本書第二章でも少し話題にのぼりましたが、磯田さんは『無私の日本人』で江戸時代を生きた穀田屋十三郎の話を描きました。困窮状態に陥った貧しい故郷を救うため、穀田屋十三郎は仙台藩にカネを貸し付ける金融業を思いつきます。この奇抜なアイデアが功を奏し、故郷は経済的に救われました。

磯田　仙台藩にオカネを貸し付けて年に一割ずつ利子をもらえば、一〇年で貸したカネと同額の利子が入ってくる計算になります。物々交換が普通に行われていて、商品経済すら発達途上だった時代に金融業を始めるとは、なかなかのアイデアです。

中西　このカネ貸し業は約八〇年続き、最終的に三〇〇〇両以上もの利子が儲かりました。大変な利益です。

最初の目論見では、そこまで儲かるとは思っていなかったはずです。江戸時代には、町人が大名にカネを貸す「大名貸し」が行われていました。ただし「大名貸し」は利子はもらわない素貸しです。そのため悪どい大名の中には、利子を上乗せして町人に払うどころか、元本を踏み倒して逃げてしまう不届き者もいました。

そういう世の中で、穀田屋十三郎は利子をきちんといただき、元本を踏み倒されることもなく利益を生み出した。すごいことです。穀田屋十三郎が偉かったというよりも、仙台藩が偉かったのですよね。

磯田 そうなんですよ。殿様と武士は圧倒的な武力をもっているにもかかわらず、仙台藩は経済社会の中でオカネに関して、きっちり筋目を通したのです。戦国時代とは違って一歩進んだ社会が、仙台藩でも生まれました。

中西 オカネを借りて赤字を補塡する経済状態であれば、元本も利子も穀田屋十三郎のもとには戻らなかったはずです。仙台藩が収益事業にもきちんと投資していたから、借りたカネの利子も元本も戻すことができました。そもそも、当時の大名はどうやって収益事業を展開していたのでしょうね。

磯田 仙台藩は材木とお米の売買を手がけていました。東北はものすごい面積の森をもっていますから、森から木を切り出して売るのです。また仙台米は地元の農民だけで食べないようにして、ヨソで売りさばきました。何しろ江戸の人たちが食べていたお米の三割は、仙台米だったと言われています。

中西　それはすごい。いわば貿易業で確実に儲けていたのですね。

磯田　Aという場所で商品を安く仕入れて、Bという場所にもっていって高く売る。これほど確実な収益事業はありません。領民に仙台米の消費を禁じれば、地元で米が安くなるのは当たり前ですよね。そうやって安く買い入れた米を、いくらでも米を食べるうえに、酒造で大量に米を消費する江戸と首都圏に売って利益を出したのです。

人件費高騰で首が回らなくなった武士

磯田　江戸時代の終わりになると、年貢からの収入だけでは藩の経済が回らなくなっていきます。そこで仙台藩では経済官僚のような知恵者が現れて、さまざまな収益事業を展開するようになりました。

中西　藩の経済を圧迫した要因は、やはり人件費ですか。

磯田　おっしゃるとおりです。最初は安い人件費で草履取りを雇えていたのに、幕末にかけて人件費が三倍にまで膨らみました。世の中が豊かになって民間経済が大きくなれば、人件費が増えるのは当然でした。

成長する民間経済部門では「いまからお酒造りをしますから人を雇います」と言って、高い日当で求人をかけられます。戦争しか仕事がない武士は、何もモノを生産しません。平和な世の中になればなるほど、武士の仕事は相対的に儲からなくなるわけです。

中西　江戸初期には年間一両で人を雇えていたのに、江戸末期になると人件費は年間二両五分、あるいは三両近くにまで高騰しました。それでも武士は、草履取りなどの奉公人を雇わなくてはなりません。

人件費が三倍になって食えないからといって、武士をやめて簡単に農民になるわけにもいきません。

磯田　長男だけでなく、次男や三男もいて子だくさんな世の中でしたから、なおさら大変です。衛生状態が良くなればなるほど、乳幼児の死亡率が低下して子どもは死ななくなります。すると武家の人口が、どんどん増えていってしまうわけです。これではいくら業務を細分化して整理しても、どうしたって支出は減りません。

そこで「産物回し」と言って、自分の領内で作った産物を、商社のように京・大阪方面、江戸に売って利ざやを稼ぐ大名が出現しました。

中西　商社として貿易業を手がけるからには、先立つ資金が必要です。仙台藩が町民に「ウチにカネを貸してくれないか」ともちかけたのではなく、町民からの発案で一〇〇〇両単位ものオカネを貸し付けたのですね。

磯田　仙台藩にしてみると、最初は嫌だったでしょうね。彼らにも武士としてのメンツがありますから。「掛屋」「蔵元」と呼ばれる御用商人に、仙台藩は穀田屋十三郎から借りたカネを渡して、運用してもらいます。「掛屋」「蔵元」はメインバンクとして機能し、領民たちから米を買い取って江戸方面にもって行って売る。そうやって少なくとも一割以上の利益を毎年出し、赤字を出さず経済を回していったのです。

中西　それをどのくらいの間続けたのですか。

磯田　天明期（一七八一〜一七八九年）から始まり、明治維新まで続きました。途中で中断した時期があるものの、一〇〇年近くもの年月、町民は仙台藩から利子を取り続けて潤ったのです。

部下にツバを吐きかける徳川家康の人たらし術

磯田　前の代のやっていたことは、なかなか変えられないのが武家社会の困ったところです。親孝行の「孝」の概念がありますからね。「先代が決めたことをやたらと変えるのは親不孝に当たる」というのが、武家社会の考え方です。

中西　「孝」という絆を息子や孫が断絶させたら、親や先祖に対する背信行為と見なされました。

磯田　そのかわり「孝」の記憶は、四〇年や五〇年では消えることはありません。たとえば福岡藩の黒田氏は、少々悪いことをしても取り潰されない藩だったのです。なぜかというと、関ヶ原の合戦のときに徳川家康が黒田長政《くろだながまさ》*1の手を取って「あんたのおかげで戦に勝てた。これからは、あんたのところは下にも置かない扱いをするからな」と約束してしまったのです。

　すると、神君家康公が言ったことを守る義務が、第一五代の将軍まで当然ついて

＊1　黒田長政　一五六八～一六二三。豊臣秀吉に仕えて九州平定、文禄・慶長の役（朝鮮出兵）に参加。関ヶ原の戦いで徳川家康側についた功績により、筑前福岡藩の黒田家初代藩主となる。

回るわけです。ですから少々のことが起きても、黒田藩は取り潰されることなく生き永らえました。

中西　その話を聞いて思い出したことがあります。三方ヶ原の合戦（一五七二年）で、徳川家康と織田信長の連合軍が武田信玄軍と戦います。信玄に破れた家康が敗走するとき、近くにいた者にペッとツバを吐きかけたそうですね。

磯田　資料の片隅にそういう記述が書いてあるのを見つけたときは、僕も驚きました。

中西　馬に乗って家康が逃げていると、次第にあたりが暗くなってきます。すると家康は、自分の馬の脇についてきた兵士の刀の鞘に、ペッとツバを吐くのです。無事逃げ切ったあとで刀の鞘についたツバの跡を確認して「おお、オマエはあのときの男か。オレが大負けに負けて逃げて命が危ないときに、オマエは命がけでオレを守ってくれたよな。褒美をつかわそう」と褒美を与えるのです。

普通は戦に負けて逃げているときなんて、どうにかして自分が助かろうとしか考えません。家康は人間のなまな痕跡を証拠として、結びつきを固めようとしました。共に戦ってくれる同志を篤く信用しているというヒューマニズム、人間主義があります。これは、すごい話ですよ。

磯田　こういう物語風の武勇伝は、すぐに家中に広まります。すると次からは家康がどんな戦場に出ても、「オレもツバを吐きかけてもらおう」と興奮して、家康のまわりに家来が大勢集まるのです。家康のまわりには常に厚い人垣がありますから、どんな負け戦になったとしても、人の塊を盾にして逃げられます。

家康というと大将軍のイメージが強いですが、何度もひどい負け方をしてきました。でも死なずに何度でも生きて帰ってきて、最後は天下まで取ってしまった。天下を取る人間には、普通の人とは違うところが必ずあるのです。

中西　負け癖がついてもへこたれない。負けながらなお、戦場で次の勝ちへの因を刻もうとする。良い意味で人たらしであったことが、家康を大将軍たらしめました。

磯田　武田の強い軍を配下に組み入れるまで、家康はさんざん負け続けたのです。非常に危険な戦場を行き来しましたし、厳しい戦いの連続でした。そんななか、どうして家康が天下を取れたのか。バカバカしい単純な理由のようにも思えますが、こういう人間的な要素が、かなり大きいと思うのです。

本書第三章の終わりでお話しした「一次資料至上主義」の話とも関連しますが、もし歴史家が一次資料だけを研究していれば、こういう味わい深いエピソードは拾わずに終わってしまうでしょう。

中西 徳川家の家譜を丹念に読みこんでいくと、「家康公がこういうことをした」というエピソードが、比較的古い成立年代の史料に出てくるのです。よもや徳川家の家臣が、こんなところで家康についてのウソを書くとも思えません。「これはどうも確からしい」と確信したため、ツバ吐きのエピソードを僕は著書に採用しました。「これは一次資料ではないから信用に足らない」という理由で読み飛ばされてきた古い史料は、膨大に残っていますよ。そういう史料を磯田さんのように再発見すれば、新しい歴史学のプリズムが光り輝いていくということでしょう。

目安箱からのぞき見る民衆のホンネ

中西 歴史学のみならず、文学界でも資料の使い方に偏りが見られることがあります。おもしろい資料はたくさんあるのに、鎌倉時代を研究する文学者は、なぜか『吾妻《あづま》鏡《かがみ》』*2ばかり使いたがりますよね。あれは不思議です。

磯田 東山御文庫（京都御所内にある天皇の文庫）の中には、『吾妻鏡』よりもっとおもしろい本がいっぱいあります。

中西　享保六年（一七二一年）、第八代将軍の徳川吉宗は目安箱を設置しました。いわば江戸版の「パブリックコメント」です。幕府の政策に不満がある民衆は、誰でも不満を書状にしたためて目安箱に投函することができました。公平を期すため、目安箱の中身は殿様の目の前で開封され、殿様自ら中身をあらためて対処していったそうです。

その目安箱に投函された書状が、いまでもけっこう残っていると聞きました。これは万葉集で言うならば「作者不詳」「詠み人知らず」の発言です。

磯田　下から上がってくる匿名情報を収集することを、僕は密かなライフワークとしているのです。目安箱については、これまで日本中で探し歩き、中に入っている文書の写真を接写しては読みこんできました。

すると、おもしろいことが次々とわかるのです。僕の故郷である岡山藩の古い目

＊2『吾妻鏡』
鎌倉幕府が編纂した公式の歴史書（全五二巻）。源頼政の挙兵（以仁王の挙兵、一一八〇年）から惟康親王の鎌倉幕府将軍就任（一二六六年）までの八七年間を日記として記録。

安箱は、一六五〇〜六〇年ごろのものが、いまでも残っています。備前焼を焼いている職人の書状がおもしろいんですよ。「伊部《いんべ》村の窯焼きは順番どおり焼くのが決まりなのに、庄屋が横取りして一番最初に窯に入れて、みんなのものは後回しになる。こういうことは困る」なんて書いてあるのです。

中西 それはおもしろい。

磯田 近世初めの豪族は強いもので、何か気に入らないことがあると平気で民衆を拷問するのです。「竹簀巻につかまつり、水を浴びせ迷惑つかまつり候」なんて書いてある。「簀巻きにされて水責めにして、言うことを聞かせようとする。こういう荒くれ者を取り締まってくれないと困る」。これこそ民衆の本当の肉声です。

江戸のパワハラ

磯田 人々が普段どういう暴力形態にさらされているか、目安箱に入れられた文書を読むとよくわかります。村落を取り仕切る領主は怖いわけですが、実際には農村の中にも、まだ戦国時代さながらの豪族がいました。彼らが自分の力を見せつけるために、どういうことをやってきたのか。元禄期にかけて、メチャクチャなパワハラが横行するのです。

岡山藩ではとんでもないパワハラを告発するための目安箱を置き、代官や郡奉行を現地に派遣して荒くれ者を取り締まりました。

中西 年貢を高く取られるのはたまらないが、そのかわりに警察力が強化され、人々が理不尽な暴力から解放されていく。日常的に暴力にさらされないように、民衆は自警団を結成しました。

磯田 近世史の研究成果によると、自警団が泥棒を現行犯逮捕して、その場で打ち殺しても良かった時代はせいぜい寛文（一六六一〜一六七三年）から延宝（一六七三〜一六八一年）までです。

中西 江戸時代が始まったのは一六一五年ですから、江戸期に入って五〇年くらいは、自警団による警察自治が認められていたのですね。

磯田 暴力が日常化している状態について、マルク・ブロック[*3]は「中世の象徴である」と指摘しています。暴力が日常的にまったくなくなり、若い女の子が一人で旅をして、お伊勢さんにお参りして帰ってきても、まったく安全である。そのような平和な状態が、江戸時代の日本に生まれました。たとえ病気にかかっても、次送りで村から村へと担架に乗せられて、最終的にちゃんと自分の家まで戻ってくれるのが江戸の街道のすごさです。

中西　通行手形とは、いまで言うパスポートですよね。通行手形さえもっていれば、緊急車両を優先するように、病人を最速で医者のところへ連れて行けた。

磯田　A町の医者の手に負えなかったとしても、次はB村の医者の元へ次から次へと運んでくれる。そして自分の家まで再び帰ってこられる。こういう街道がちゃんと整備されていた江戸期は、非常に近代的です。江戸の様子を知った外国人が驚いています。

東海道から浅草まで徒歩旅行した健脚の尼僧

中西　紀行文『とはずがたり』を書いた後深草院《ごふかくさいんの》二条《にじょう》*4が、女性でありながら鎌倉時代にものすごい旅行をしています。後深草上皇の寵愛を受けて暮らした後深草院二条は、三十二歳のときに出家して西行の足跡をたどる旅に出ます。東海道を通って鎌倉に入り、信濃（長野県）の善光寺へ出かけるだけでもすごいのですが、そこから江戸を目指して浅草寺の観音堂を訪ね、最終的に無事鎌倉まで帰り着くのです。いったいどういう安全保障のもと、女性がこれだけの大旅行をしていたのかと驚きますよ。

磯田 過所（関所の通行証）をもらい、ところどころの大名のところに寄って、通行の安全を保障してもらいながら進んだのでしょうね。

中西 万葉集にも「過所」という言葉が出てきます。〈過所《くわそ》無しに関飛び越ゆるほととぎすわが思ふ子にも止《や》まず通はむ〉（巻十五―三七五四）という歌です。鎌倉時代の段階で、いまで言うパスポートを提示したうえで、身の安全を保障してもらえる体

＊3 マルク・ブロック
一八八六〜一九四四。フランスの歴史学者。著書に『奇跡をなす国王』『フランス農村史の基本性格』『封建社会』など。第二次世界大戦中、レジスタンス運動に参加してゲシュタポから銃殺された。

＊4 後深草院二条
一二五八〜没年不詳。後深草上皇の妻。一二八九年より出家尼として放浪の旅に出かけ、宮廷時代の回想録や旅のよもやま話を記した紀行文『とはずがたり』（全五巻）を著す。

磯田 制が整っていたのでしょうね。

中西 鎌倉時代の尼僧・阿仏尼《あぶつに》*5の紀行文『十六夜日記』を読むと、主要幹線道はなんとか安全に移動できる状態だったようです。

磯田 江戸と鎌倉を結ぶ主要幹線道は、女性が一人旅しても襲われる心配がなかった。

中西 ただし「袖の下」を包む必要はあったと思います。多額の贈り物や金銭を置いていかなければ、たとえ過所があっても安全な通行は難しいのが中世でした。

磯田 なるほど。警察官と言いますか、入国管理局の職員みたいな人に心付けを渡して、身の安全を確保する。

中西 心付けの相場はだいたい決まっています。もし海路を移動するのであれば、ところどころで海賊にオカネを渡しながら水先案内をしてもらうのです。

日本で初めて利子で儲けた先駆者

中西 この章の冒頭で、江戸時代の金融業と利子についての話題が出ました。消費者と生産者が常に存在しなければ、経済は成り立ちません。寄付金や奨学金のような形で、誰かのために金品やモノを差し出す、「贈与経済」ですかね。年貢や税金の徴収のように、暴力を背景にもった権力が民衆から召し上げるのも、贈与経済の一つの形です。

古くメラネシアで行われた贈与については、私はわりあい詳しくマルセル・モースの岩波文庫の『贈与論』を読んだのですが、時代が進むにつれて、贈与経済は次第に「交換経済」へと移行していきました。ただの物々交換だと原始経済にすぎませんが、オカネを貸すかわりに一定の利子を取るなど、交換経済へと経済が変容していきます。

磯田 利子について、日本は比較的甘い社会だというのが僕の見立てです。地球上には、利子に厳しい社会と利子に甘い社会が存在します。利子に厳しいことで知られているのは、イスラム社会や中世キリスト教圏です。ギリシャやローマの哲学を見ると、

＊5 阿仏尼
生年不詳～一二八三。安嘉門院に仕えたのち、藤原為家の側室となる。鎌倉へ出かけた折の紀行文『十六夜日記』のほか、『夜の鶴』『庭の訓』『うたたねの記』などを著した。

中西　たとえばアリストテレス[*6]は「カネはカネを生まない」と言っています。金融業で儲けるなどケシカラン、それは虚業であってまともな実業ではないというわけですね。

磯田　ギリシャ哲学を見ても、利子については比較的厳しいです。トマス・アクィナス[*7]は、利子を取ることを明確に否定しました。今日でもイスラム社会の一部では、「利子を取ることはコーランで禁じている」と言います。

中西　人間が汗水流して働いていないのに、何らかの価値が生まれることへの忌避感がある。ユダヤ教やキリスト教、イスラム教圏では「六日働いたあと、七日目は休めと神が決めたのだ」という「安息日」の概念もあります。

磯田　乾燥地域や自然環境が厳しい地域では、特に労働と報酬の関係以外から何かが生じることに対して厳しい傾向があります。日本の歴史上で一番最初の利子は、おそらく稲を植えるときの種もみの貸付でしょうね。古代社会では「出挙《すいこ》」と呼ばれました。

中西　出挙は、奈良時代から始まりました。貧しい農民は、春に稲を植えたくても、種もみを買い入れる先行資金がありません。そこで利子をつけて種もみを貸しつけ、秋に米を収穫したあと、利子を回収する金融事業が始まりました。

公が貸し付ける「公出挙《く》」もあれば、貴族や皇族が金融機関のようにオカネを貸しつける「私出挙《し》」もあったようです。

磯田　「出挙」のルーツはどこから来ているのか、『古事記』や『日本書紀』を読みながら源流を調べていったことがあります。最近は百済の「出挙」の制度に、日本の律令制下の「出挙」をもとめる見解が有力になってきています。「出挙」と種もみ貸しつけのルーツは朝鮮半島です。これがけっこうな高利貸しなのですよ。何しろ利子は一年に三割や五割、中には一〇割というとんでもない「私出挙」もあります。

中西　それはひどい。サラ金よりよっぽど高利貸しだったのですね。もっとも、種一粒から何百粒もの種が実るから、それでいいんだという説もありますけどね。

＊6　アリストテレス
前三八四〜前三二二。プラトンの弟子。アレクサンドロス大王の家庭教師を務め、学園「リュケイオン」を創立した。主著『形而上学』『オルガノン』『自然学』『霊魂論』など。

＊7　トマス・アクィナス
一二二五〜七四。イタリアの神学者・哲学者。アリストテレス哲学と神学を合一し、スコラ神学を打ち立ててカトリック公認の哲学に認定された。著書『神学大全』など。

比叡山延暦寺は日本初の金融業者

磯田　さらにおもしろいことに、金融業を手がけていたのは貴族や皇族、一部のカネもち商人や町民だけではないのです。なんと宗教者がせっせとカネ貸し業を手がけて、オカネ儲けをしていました。

寺や神社は民衆から寄進を受けますよね。民衆は「今年も無事米を作ることができたり、商売もそこそこうまくいった。これは神仏のおかげだ」と感謝します。

中西　神仏への恩返しということで、倍返しのように寄進を納めるのですよね。

磯田　そうして集まったオカネを使って、寺社仏閣がカネ貸し業を始めたのです。西洋社会では、キリスト教の教会が「利子なんて取ってはならない」と制限します。にもかかわらず日本では、最大の金融業者は比叡山延暦寺なのですよ。

延暦寺ではものすごい数の僧侶が肉食妻帯しながら、金融機関として活動していました。中世の寺では、祠やお堂で祠堂銭を取っています。そういうオカネが積もり積もって、寺が銀行と化していきました。ヨーロッパ社会では最も聖なる場所と考えられていた寺社仏閣が、最も俗な金融業を行っていたのです。

中西 坊主丸儲け？ 昔から一番遊んでいるのは坊さんだったんですかね（笑）。

磯田 悲しいことに、これが日本の実像なのです。こういう不道徳な社会状況を転回したのが、大名の金融政策でした。大名は農民に種もみを貸しつけ、貧しい農民が持続可能な生産を続けられるように支援する。なおかつ投資と利潤のバランスを取る。

近世大名の時代になると「牛銀」と言って、いまのトラクターに当たる牛をもつために、積極的にオカネを貸し付ける大名がたくさん出てきました。

江戸時代の東京は、世界の都市の中でも稀に見るほど頻繁に大火が起きます。火災が発生して木造家屋が焼けたときには、火災保険のような形で幕府や大名が、民衆にオカネを貸していました。それも幕府や大名の重要な義務だったのです。

中西 「牛銀」という商売は、とても興味深いのですが、これはいつごろどこから始まったのですか。

磯田 僕の出身地である岡山藩や鳥取藩池田氏などは、十七世紀前半から「牛銀」の貸付をすごく熱心にやった形跡があります。農民が米をたくさん作れなければ、領主は年貢を着実に取れません。「米の生産性を上げて年貢をたくさん取れるように」

という理由で、「牛銀」や「肥銀」（肥料）を貸すのはうなずけます。火災が発生したときに、窮鼠急迫の災害支援、「君主の徳」として領主が民衆に現金給付することもありました。

驚くべきことに江戸時代の終わりになると、阿波の徳島藩が「藍銀」を始めるのです。

中西　「藍銀」とは、ひょっとして百姓がサイドビジネスとして染料を作るためのカネを貸すのですか。

磯田　ご明答です。こうやってさまざまな形で投資を活性化して経済を回し、カネを貸した側はあとで利子を回収する。江戸時代の日本は、世界的に見て金融業が最も発達した国かもしれません。もちろんフィレンツェあたりの商人には及ぶべくもありませんが、中国の華南地域あたりと比べても、江戸期の日本はアジアで最も利子に基づいた商売が盛んだった国です。

縄文時代のドングリ経済

中西　『日本書紀』には「利《このしろ》」という言葉が出てきまして、七世紀終わりから八世紀初めあたりにはすでに利子が存在したことがわかります。貸したオカネが「親」であって、借りたものから生まれる利益が「子」であるという発想から、「子の代」が「利」に当てられたのでしょう。

磯田　中国大陸の巨大な先進文化では商の国にすでに商業があるのですから、稲と一緒に商業理論も日本にやってきたのですね。

記録に残っていないことまで含めれば、狩猟社会にも利子があったことは間違いないでしょうね。

農耕社会以前の人類は、狩猟採集によって食べ物を確保していました。ドングリや木の実は長期保存が可能ですし、干し肉は保存食として使えます。親分が肉を取るのが上手で、干し肉をたくさんこしらえていたとしましょう。飢えている子どもがたくさんいる世帯に親分の干し肉を与えてあげて「次に肉がたくさん取れたときには、もうちょっと多くして返してくれよな」という貸し借りは自然にあったはずです。

中西　なるほど。記録が残されていないにしても、そういうやり取りは狩猟社会でもきっとあったでしょうね。私はあの「猿蟹合戦」や海彦山彦の釣り針の交換を経済的に考えた雑文を『潮』に書いたことがあります。

磯田　縄文時代はドングリ社会でして、穴にドングリを埋めていた痕跡が遺跡から見つかっています。すごい働き者がドングリを大量に壺に入れて埋めておき、怠けていたり、病気でドングリを集められなかった家族にドングリをあげる。インフルエンザやマラリアが治って元気になったときには、そのドングリを倍にして返してもらう。そんなことがあれば、これも立派な利子です。

中西　貸したものを返してもらえるかどうかは、最終的にモラルに帰着します。みんな生きるために必死ですし、モラルがまったくなければ貴重な食べ物や資財を他人に貸してあげることはできません。

磯田　「この前のドングリを返せなくてゴメン。黒曜石で作った鏃《やじり》を何個か返すから、これで勘弁してくれないか」といった交換経済による担保は、縄文人の中にもあったかもしれません。鋭くて厳しい縄文人は「オマエが病死したら、オレが貸していたドングリが未回収になる。そこに三個ある黒曜石の鏃を、念のためウチで預かるからな」と言って鏃を取り上げてしまえば、担保です。

中西　「縄文金融」とでも言いましょうか、そこまでやればその人は立派な銀行員です。

バングラデシュのムハマド・ユヌスが創設したグラミン銀行[*8]は、二〇〇六年にノーベル平和賞を受賞しました。グラミン銀行はバングラデシュの極貧層、それも特に女性に無担保でオカネを貸します。担保もない上に返済能力を心配して私はユヌスさん自身に聞いたことがあるのですが、「オカネを返さない者がごくわずかにいるようですが、九九％はきちんと返済する」と言いました。驚きです。その担保は集団の中の自律心だそうです。

磯田　信用度とモラルが高い社会は、経済的に非常に有利です。日本社会も歴史的にずっと島国でしたから、人々に均質性が求められますし、行動パターンが似たような人たちが多い。諸外国に見られるように、生き方が流動的な人は少ないわけです。そのおかげで日本にも早くから金融業が根づき、経済発展してこられたのでしょう。ただ、中世や近世の武士は「徳政」で借金帳消しをやっていましたから、近代社会

＊8　グラミン銀行
経済学者ムハマド・ユヌスが創設。バングラデシュの農村で暮らす貧困層を、無担保低金利の少額融資（マイクロクレジット）で支援する。二〇〇六年にノーベル平和賞を受賞。

とは違いました。

ノーベル経済学賞受賞者ダグラス・ノースの「取引コスト」

磯田　一九九三年にノーベル経済学賞を受賞したダグラス・ノース[*9]は「取引費用」「取引コスト」という概念を提唱しました。僕が中西先生に「一〇〇万円貸してくれませんか」と頼んだときに、「磯田にカネを貸したら、無事返ってくるかどうかわからないな」と信用してもらえなかったら、オカネは貸してもらえません。人のことをやたらと信用できなくて「取引費用」「取引コスト」が高い社会では、融資やローンが成立せず、新しい事業が起きにくいのです。

中西　ダグラス・ノースの論になぞらえて言うと、江戸時代の日本は「取引費用」「取引コスト」が、ずいぶん低い社会ということになりますか。

磯田　ええ。多くの民衆が仮名文字を読めるようになって、カネを返さない不届き者がいたときにはお上に訴えて、お奉行様が「早くカネを返してやれよ。返せないなら家屋敷を売って返せ」と調停をしてあげる。

こういう体制が整っていれば、まったく見ず知らずの人間相手でもオカネを貸せる状態になります。「取引コスト」が高い社会では、相手のことを簡単には信用できませんから、とてつもない高利貸しにならざるをえません。「取引コスト」が低くなれば「返したカネは確実に回収できる」と安心できますから、利子は下がっていきます。

中西　すると民衆は簡単に資金調達できますから、そういう社会では新しい産業が起きやすい。

磯田　識字率が高い。法治国家である。私的所有権がきちんと保護されている。お互いの信頼関係ができあがっていて「取引コスト」が低い。こういう社会は、資本蓄積が急速に進んで大きく発展するのです。カネを貸し倒れるような事態になれば、事態をきちんと収拾してくれる政府がある。こういう社会は「近代化が進んだ」と言

＊9　ダグラス・ノース
一九二〇～二〇一五。経済発展と制度の変化を「クリオメトリックス」（数量経済史）という手法によって分析した新しい歴史研究により、九三年にノーベル経済学賞を受賞。

えます。

「体面」と「暴力」が担保するカネ貸し業

磯田　一個ずつ文献を細かく精査してみると、江戸時代は「取引費用」「取引コスト」が極めて安いのです。金融業以外にも、親戚やご近所さん同士の「頼母子講」というセーフティネットもありました。

中西　農村では「結《ゆい》」と呼ばれる互助制度もありますね。田植えや収穫期といった繁忙期に、ご近所さん同士で労働力を融通し合い、お互いの仕事を助け合うつながりです。「頼母子講」や「結」は昭和まで日本社会のあちこちで残っていました。沖縄に出かけると、今でも「模合《もあい》」という「頼母子講」が存在します。

磯田　北海道の漁村で出した為替を、北前船《きたまえぶね》*10に乗って京都へもってきてもきちんと精算できる。こういう経済システムが機能していた江戸は、驚異的な社会です。

中西　金融業や「頼母子講」が成立するかどうかを決めるのは、モラルよりも「体面」なのかもしれません。モラルなんてもろいもので、いとも簡単に崩れてしまいますからね。江戸っ子で言うところの「体面」「メンツ」が一種の担保として機能していたからこそ、金融業が成立可能だったのだと思います。

磯田 江戸幕府という統合された暴力装置があったことも、大きいのです。百姓一揆を起こそうが、地方の藩が反旗を翻そうが、江戸幕府には絶対かないません。幕府はすさまじい強者だったわけです。

戦国時代であれば、僕が中西先生から借りた三〇〇〇両を返したくないと思ったら、別の大名や領主に頼みこめば返さずに済みます。強い暴力装置を後ろ盾にすれば、借りたカネを踏み倒すこともできました。

中西 江戸時代になると、そうはいきません。

磯田 統一政府に限りなく近い状態でしたから、幕府が「オマエの地域に悪者が紛れこんでいるようだ。そいつを引き渡してくれ」と命令すれば、大名が悪いヤツをお白

＊10 北前船
江戸から明治にかけて就航した貿易船。大阪〜瀬戸内海経由で北九州・門司〜北陸の敦賀〜北海道を就航し、米・酒・塩や日用雑貨、海産物など各地の特産品を流通させた。

州に引きずり出す均質性があったのです。

減価償却を発明した二宮尊徳

磯田　江戸時代の終わりごろになると、減価償却という概念も浸透し始めました。

中西　時間軸にしたがって増えるのが利子ですが、土地や建物の価値は利子とはベクトルが違って、時間軸にしたがって減っていく。これが減価償却の概念です。

磯田　資産がいかに減っていくかという概念を、日本人は早くからもっていました。これも日本が経済大国化した一因です。

中西　日本人はどのあたりから減価償却を導入したのでしょうね。

磯田　江戸時代半ばあたりから、減価償却の概念を解する手練れた商人が出現しました。代表的な例では二宮尊徳《にのみやそんとく》です。[*11] 尊徳は小田原藩のご家老の家に住みこんで、家計の立て直しをしました。家老の家ですから、年貢米しか収入がありません。

尊徳は「この家では、いくらまでオカネを使っていいのか確定することがなにぶん大事だ」と思ったようです。そこでご家老の屋敷の図面を提出させます。屋敷の中にあるすべての道具——それこそホウキが何本あるのか、いまあるホウキが今後何年使えるのかというところまで、全部計算するのです。

中西　一本につき五年の使用が限度、常に三本はホウキが必要だとすれば、ホウキという備品の減価償却が計算できます。屋根瓦が何枚あるか枚数を数えて、瓦の取り替え時期から減価償却を算出する。壁の面積を計算して、漆喰の塗り替えが何年に一回必要かソロバンを弾く。これはまさに減価償却です。

磯田　屋敷にある資産を減価償却した結果、一年当たりどれだけのコストが出るかを尊徳は弾き出しました。「時間軸にしたがって減っていく価値がある」という概念を正確に認識して、減価償却をリアルタイムでとらえる帳簿のつけ方を彼は始めたのです。「入り」「払い」の単式帳簿をつけているだけでも立派ですが、正確なコスト計算をすることによって、二宮尊徳は複式帳簿に近い姿を見出します。

＊11　二宮尊徳
一七八七〜一八五六。江戸時代後期の農政家（通称・金次郎）。下野国や中村藩（福島）、印旛沼（千葉）や日光領の八九村など全国各地で財政再建を実現。「報徳社」を設立する。

尊徳は「利子」と「償却」という概念を最も早く正確に認識していました。僕の恩師である速水融《はやみあきら》さん*12の言葉を借りれば、これこそが「江戸時代的な経済社会」です。

中西　建物や備品が古くなって朽ちていくのではなくて、「償却」である。こういう抽象概念に置き換えた尊徳の先見性は、驚くべきものです。

江戸時代の複式帳簿

磯田　「利子」と「償却」という概念を世界で最も早く獲得したのは、貿易船を使ってオランダやフィレンツェから旅をしていたイタリアの港場の商人でしょうか。

イタリアの商人が一〇隻の船を建造して隊列を組み、南方へ香辛料を取りに行く。こういう大きな事業を始めるときには、自分たちがどれだけの資産価値をもっているのかを出資者に説明する必要があります。船が古くなれば価値が減っていきますし、難破して船が沈むこともあるでしょう。船を使って商売をする人たちは、自分たちの現在の資産はいくらの価値があるのか正確に把握していました。

こういう概念が市民社会に入りこみ、市民が株式投資をし合って会社を作るようになるのです。自分が出資したオカネが、いまどのくらい増えているのか。それとも減っているのか。そこをちゃんと認識できなければ、株式会社は成立しません。
中世のルネッサンスあたりの時代に、イタリアで市民社会ができました。一四〇〇年から一六〇〇年にかけて、南のイタリアからオランダ方面に複式帳簿と株式会社というシステムが一緒に広まっていきます。
日本ではコストにシビアな経済家や経世家が、複式帳簿と似たような概念をもちこみました。明治に入ると、庶民も簡単に複式帳簿を使うようになります。財閥の三井家では、江戸時代の段階で複式帳簿をつけていた形跡もあります。

中西 江戸時代には、宣教師がキリスト教と一緒に数学や美学をもちこみましたが……。

磯田 宣教師は複式帳簿まではもちこんでいないと思います。

中西 するとやはり、複式帳簿が本格的に日本で普及したのは明治以降ですか。

＊12 速水融
一九二九〜。慶應義塾大学名誉教授。慶應義塾大学経済学部教授、国際日本文化研究センター教授などを歴任。江戸の人口動態から経済を読み解く歴史人口学者。著書『近世農村の歴史人口学的研究』。

磯田　幕末期には、三井越後屋などが似たようなことをやってはいましたが、本格的に普及したのは明治以降です。福澤諭吉《ふくざわゆきち》[*13]は、帳簿のつけ方が書かれた教科書をヨーロッパから輸入しました。そこから庶民への普及が急速に進みます。ただし、複式帳簿を受け入れる素地は、江戸時代からすでに準備されていました。経済の計算に関しては、日本人は早くから非常に優れた面をもっていたのです。

中西　そのあたりは、農村の疲弊と都市の繁栄が対照的にあらわれた原因でしょうね。山片蟠桃《やまがたばんとう》[*14]は『夢の代』という著書で「田舎をなくして都会にしなければいけない」という内容を書いています。疲弊する農村を救うためには、都市型経済を日本中に普及させなければならない。こういう考え方が、明治に入ってから一般的に広がっていきました。

年貢四割のオソロシイ江戸経済

磯田　江戸時代に都市ばかりが栄えて農村が大変だったのは、ひとえに税金の高さゆえです。なにしろ農民がお米を作れば、四割はきっちり年貢でもっていかれてしまいましたから。

中西　「四公六民」というやつですね。中には「五公五民」なんてとんでもない重税もあって、農民は疲弊しました。

磯田　その点、都市部は有利でした。まず江戸時代には、所得税がありません。営業税についても、ちょっと目立つ酒屋や大商人に、ときどき御用金が臨時税として課されるだけです。中小の商人には数％の税金すら課されず、一～二％という資力検査のようなわずかな租税負担率でした。江戸幕府は、こういう都市商業優遇税制を二五〇年以上にわたって続けるのです。

中西　都市商業優遇税制は、近郊にも広がっていったのでしょうか。

＊13　福澤諭吉
一八三四～一九〇一。緒方洪庵の適塾で学んだあと、アメリカや西欧諸国で学問を極める。慶應義塾を創立し、『学問のすゝめ』『文明論之概略』『福翁自伝』など名著を残した。

＊14　山片蟠桃
一七四八～一八二一。江戸時代後期の経済学者。大阪の両替商番頭として、仙台藩の財政再建に貢献する。儒学・天文学・蘭学を学び、無神論と合理主義に基づく農本主義を提唱した。

磯田　むしろ近郊のほうに広がりを見せました。官庁が置かれた城下は、都市近郊部よりも管理が厳しいので、経済的にはむしろ衰退しています。武士の経済が弱ると、城下町の人口は特別なところを除いて横ばい、ないし人口減少へ向かいました。江戸期の京都も人口が落ちています。交通の便が良い港町は、城下町よりもずっと栄えました。

中西　昔考えたことがあるのですが、京都近郊の近江商人の立地条件が、産地と消費地と交通路で、まさにその典型でした。

磯田　港がある堺や尼崎なども、かなり栄えたと思います。いまはもう衰退してしまいましたが、遊女で有名な兵庫の室津（現・たつの市）も賑やかだったことでしょう。

中西　港や幹線道路といったインフラは、いつの時代も経済の要衝です。流通が停滞したら、とにかく経済は先細ってしまう。仙台の穀田屋十三郎のように、金融業と投資によって世の中にオカネを回していく。誰か一人のところに多額のカネが滞留しているようでは、経済は有機的に循環しません。

港や幹線道路にオカネと商品を乗せることによって、初めて江戸の経済は爆発的に発展していきました。

スエズ運河から株式会社を着想した実業家・渋沢栄一

磯田　バラバラに存在している富を一カ所に集めて、大きな仕事を着工する。こういう概念を獲得した社会では、近代的な経済発展が始まります。幕末に船に乗ってみんなでスエズ運河を通ったとき、渋沢栄一《しぶさわえいいち》*15はそこに気づきました。
　普通の人であれば「なんて大きな用水路だ。すごい工事をやるものだな」といった表面的なことにしか気づきません。渋沢は「これだけ大きなものを造るための費用を、いったいどうやって捻出したのだろう」と疑問をもちました。

中西　株はすでに江戸時代から注目されていますね。株式会社を作ってみんなでちょっとずつ出資すれば、全体として相当の金額が集まります。その大資金は福沢諭吉も

＊15　渋沢栄一
一八四〇～一九三一。実業家として第一国立銀行、王子製紙、日本郵船、日本鉄道、大阪紡績、東京海上、東京商法会議所（東京商工会議所の前身）、東京銀行集会所などを創立。

磯田 問題にしていませんでしたか。日本はその資金に乏しいと。

渋沢は、資金の流れを大河の流れに喩えます。小さな小川も一本一本集まれば、巨大な川になります。大河になるわけです。おばあちゃんのヘソクリや子どものお小遣いは少ないけれど、それを少しずつ出してもらって株券という形に変換すれば、スエズ運河であろうが鉄道であろうが造れる。

この株式会社という制度を日本にもってきて導入すれば、今まで造れなかったインフラや巨大建築物を何でもバンバン造れることに彼は気づきました。

中西 渋沢栄一はたしか埼玉県出身でしたよね。武蔵国榛沢郡にある血洗島村（現在の埼玉県深谷市血洗島）出身だったはずです。江戸のド真ん中ではなく、近郊で生まれ育った渋沢だからこそ、都会人にはない類稀なる智慧が湧いたのかもしれません。古今東西、叡智とは中心部ではなく周縁部分から発出するものです。

磯田 渋沢の家は、藍玉（染料）で儲けて一財をなしました。十代終わりごろの段階で、彼の家ではすでに数千両もの取引をしていたといいます。数千両というと、一万石の大名の全収入です。

中西 つまり幕末の時点で、幕府はすでに倒れていたに等しいとも言えます。だって、殿様や武士よりも渋沢栄一のほうが力をもっていたのですからね。血洗島のちょっとした豪農の家に生まれた高校生の男の子が、一万石の大名と同じ商売をやれていた。その時点で、もはや武家は支配者ではありません。支配者と被支配者の力関係は、経済的に完全に逆転していました。

磯田 江戸の支配層が経済的に行き詰まると、いきなり「御用金を出せ」と言われて数千両もの大金を取り上げられそうになります。そのとき渋沢は「幕末の制度はもはや限界に来ているな」とはっきり気づきました。

江戸の日本は限界を迎えており、経済の動きのほうが社会制度を追い越してしまったのです。

「毒は盛りません」と約束するトンデモ契約書

磯田 鎌倉末期から「公」の下垂化が始まり、「公」が地方へ分散するようになりました。たとえば『毛利家文書』[*16]を見ると、毛利家は朝廷を指すときに必ずしも「公」の文字を使っていないことがわかります。

徳川幕府のことは、「小公儀」（地方政府）がたくさん集まった「大公儀」と呼びました。このあたりは、京都大学名誉教授の朝尾直弘さんが、詳しく検討されています。

中西　「小公儀」という小国家は地方にたくさんでき、各地に裁判所ができます。昔は問題が生じたときに鎌倉幕府や室町幕府が裁いて使節遵行（強制執行）してくれたものの、戦国の混乱期に入ると、一応は幕府が判決を出しても、一度決めた判決を実行できなくなります。

となると、幕府の奉行人から判決をもらうこと自体が無意味になります。司法と裁判権の破綻ですね。

磯田　そこで「近所の儀」と言いまして、近所の豪族たちが集まって自分たち独自の法廷を開設し、裁判が上手な人間を盟主に選ぶのです。裁判権をもつ人間は「洞中《うつろ》」と呼ばれたり、関東では「泰斗《たいと》」と言いました。「公儀」という言い方もなされます。

「洞中」が所領裁判を取り仕切り、言うことを聞かない人間がいれば、みんなで袋叩きにする。小さな地域公権力が分立して、お互いに争い合う。長門国（萩）や周防国（山口）を根拠地とした毛利の「公儀」の隣には、山陰・山陽地方を治める尼子氏の「公儀」がいる。南の九州には、島津氏の公権力が控えています。島津氏が地方の豪族と結んだ主従契約書を見ると、「お互いに毒は盛りません」と書いてあったりして笑えます。

中西　「お互いに命を取り合うようなテロリズムはやめよう」というわけですか。切実で怖ろしい主従契約ですね。

磯田　鳥を使って作ったと信じられている「鴆毒《ちんどく》」という猛毒があるんですよ。「そういうヤバイ毒を盛るのはやめようね」と約束し、主従契約を結んでお互いを守る。戦になったときには、お互いが力を合わせて敵陣をやっつける。そういう起請文を、お上に対して誓うのです。

中西　まるで韓流ドラマみたいでおもしろいですねえ。仲良く酒盛りしていたと思ったら、青酸カリみたいな毒を盛られてぶっ殺されたのではかなわない（笑）。

＊16　『毛利家文書』
一一七七年から一七二四年にかけて記録された一五七五通の古文書。中国地方を支配した毛利氏に伝承された。戦国時代研究、大名研究のための貴重な基礎史料として知られる。

銀閣寺が初めて造った「家主の個室」

磯田　西洋の概念で言うところの厳密な意味での公共空間は、ごく最近まで日本には存在しませんでした。福澤諭吉が造った三田演説館は、近代日本に生まれた公共空間の走りです。誰でも入ってこられる空間で立会演説会を開き、大向こうにいる立ち見客であろうが誰であろうが、政治的意見をぶつけ合う。

どんな身分の人間でも入ってこられる公共空間は、江戸時代以前に発見することは、なかなか難しいかもしれません。

中西　縄文まで時代をさかのぼってみると、縄文遺跡にある建物はだいたいホールですよ。縄文人の社会に上下関係がほとんどなくて、水平だったおかげかもしれません。

磯田　大陸の文化が入ってくると、日本にも強い上下関係による社会のネットワークができあがりました。青森の三内丸山遺跡[*17]や佐賀の吉野ヶ里遺跡[*18]には、日本人の心の中にあった形が現れています。三内丸山遺跡なんてまさにホールですし、みんなが共同で集まれる巨大空間があります。いまで言う体育館みたいなものが、車座の集会用に造られているのです。

中西　個室の空間が普通の住宅に普及するようになったのは、それからずいぶんあとになって寝殿造や書院造が造られるようになってからのことでしょう。平安時代、せいぜい鎌倉時代あたりになって、やっと「個人」という意識が家に現れるようになりました。ひょっとすると禅宗のせいで極めて個別的な空間が必要となり、日本人が初めて個室をもつようになったのかもしれません。

磯田　「これはまさに個室だ」と痛感する建物が、銀閣寺の慈照寺東求堂です。足利義政《あしかがよしまさ》*19の

＊17　三内丸山遺跡
青森市の縄文遺跡。一五〇〇年にわたり続いた集落と見られ、大型の竪穴住居や掘立柱建物のほか、ダンボール四万箱分もの出土品が発見された。ユネスコ世界遺産登録を目指す。

＊18　吉野ヶ里遺跡
佐賀県神埼市と吉野ヶ里町で見つかった弥生時代の遺跡。柵と壕によって攻撃を防御する「環濠集落」から、墳丘墓や甕棺墓が発見された。卑弥呼の都だったという学説もある。

＊19　足利義政
一四三六～九〇。室町幕府の第八代将軍。弟と息子の間で後継者問題が激化し、応仁の乱へと発展する。晩年は京都・東山に銀閣寺や東求堂を建て、出家僧として余生を過ごした。

個室は、「この場所に座ったら借景がこう見えるな」と計算ずくで、書院の机や本棚、違棚が配置されました。あの部屋だけに「個」があらわれていて、ほかは不特定多数が出入りするホールです。

中西 桂離宮[*20]にも個室と言える空間が見当たりません。吹き抜けのように、ずっとウネウネと部屋が続いています。

磯田 寝殿造の建物を狭く区切ろうとしたら、屛風や几帳をたくさん置かなければいけません。

中西 寝殿造は、要するにベッドルーム中心の家です。書院造は書斎中心に家が建てられます。日本の建築は西洋に比べて着想が斬新ですし、いまあらためて眺めてみても非常に興味深いですよね。

十二単と寝殿造で体験するホンモノのひな祭り

磯田 ひな祭りの三月三日に、家族を連れてホンモノのひな祭りを体験することにしました。磯田式ひな祭りは大がかりでして、二日がかりのスケジュールなのです。

中西　ご家族がさぞかし喜んだでしょう。

磯田　まず十二単の着付けを見せてもらって、そのあと京都にある人形寺や宝鏡寺へ家族を連れて行って、寝殿造の使い方を説明しました。現物を見ながら説明しなければ、あの建物の中で人々がどういう生活をしていたかわかりません。

「いいか。あそこに垣根があるだろう。『垣間見る』と言うけど、実際にこの間から見るんだ」

「『端近《はしぢか》』という概念があるんだよ。外側からだんだん奥になるほど、パブリックなスペースから離れて人から見えない空間になる」

「男とつきあおうと思ったら、いまみたいにお見合いに行くんじゃなくて、端っこにできるだけ近寄って座っておくんだ。それで着物を外にチラッと見せて『ここに女の子がいるわよ』と示すんだ。髪もなるべくきれいに見えるように座らなきゃ

＊20　桂離宮
一六二〇年ごろ造られた皇族・八条宮家の別荘。数寄屋風書院（茶室建築）の建物のほか、回遊式庭園には月波楼、松琴亭、笑意軒などの茶亭が置かれる。現在も一般公開中。

いけない」

中西　「端近」と言っても、いまの人たちは聞いたことがないでしょう。上がり框《かまち》や縁側を「端近」と言いますが、そこに座って思いきり顔と姿を見せるのは、上品な振る舞いではありません。

パブリックスペースに近い上がり框や縁側にいながら、なおかつ下品に見えないように、チラッと女性であることの片鱗を外に見せる。すると男性は女性の奥ゆかしさに惹きつけられるというわけです。

磯田　家族に「端近」の概念と建物の使い方を説明していたら、妻はずいぶんおもしろがって聞いてくれました。娘はまだ八歳ですから、よくわかっていなかったようですが。

中西　昔は車の乗り方も「端近」でしたよね。誰が乗っているかは外からは見えないのですが、「ほら、私が乗ってるわよ」と示すために服の端をチョロッと外に出しておく。当時の婦人専用車は、いまでは考えられない使い方をしていました。

住居の中にヒマラヤ山脈を設置する須弥山思想

磯田　ひょっとすると昔の日本人にとってのプライベート空間は、牛車の中くらいしかなかったのかもしれません。ほかの建物はホールだったり雑居だったり、いつも誰かほかの人が存在していました。

中西　謁見の間でさえ、限りなく平たくて人々の頭の高さが同列ですからね。ところが中国や韓国では、王様が座っているところはほかの人よりもずいぶん高い。あれを見ると、私は仏教で言う須弥壇《しゅみだん》[*21]、須弥山[*22]思想を想起するのです。大陸側の王様は、住居空間の中に須弥山を見出していたのではないでしょうか。

磯田　高い宇宙の中心軸が、家の中にある。王様は、ヒマラヤの頂上を模した場所に座っていたのですね。

＊21　須弥壇
仏像や本尊を安置する台座。須弥山を模した四角・八角・円形の箱型台座が周囲より高い場所に置かれ、その上に厨子（仏壇）を設置する。漆塗りの蒔絵や飾り金具で装飾する。

＊22　須弥山
仏教で説く世界の中心にある高山。高さは八万由旬（一由旬＝四〇里）、水面下の深さも八万由旬。四宝（金・銀・瑠璃・玻璃）に荘厳され、周囲の四大州で衆生が暮らす。

中西　日本は長い間「支配者はヒマラヤの頂上にいるようなものだ」という須弥山思想を受け入れられませんでした。なにしろ徳川幕府に至っても将軍が畳の上に座っていましたし、戦場でだって限りなく平たい場所で床几《しょうぎ》に座っていました。

磯田　日本人は古代の聖天子にあこがれて、聖天子の生活様式を真面目に実践したのでしょう。古代の聖天子が造った宮殿は、たいして高さがなかったと記述されています。その質素さが褒めたたえられるのです。平屋の質素な造りで、しかも白木造でコテコテと塗料が塗られていない。これが日本の御所です。畳の端につける錦のへりだって、あとの時代になってからつけるようになったのです。殿様であろうが権力者であろうが、草の畳の上に直に座る。今残っている京都御所の造営は、寛政年間（一七八九～一八〇一年）に始まりました。これと同時期に、ロシアのサンクトペテルブルクでは鏡の間だとか琥珀の間だとか、皇帝がとんでもない宮殿を造っていたのです。

中西　それと比べると日本の支配者は、なんと簡素な建物で暮らしていたのかと思います。豪奢な伽藍のような建物なんて建てなくても、徳目を発揮すれば人々から仰がれ、世の中を平和裏に支配できる。そういう自信をもっていたことが、いまも残る昔の建物からうかがえます。

第5章

人間たらしめるもの

~「知性」と「理性」と「悟性」~

江戸の宣教師ハビアンが説いた生命論

中西　虫けらや動物と区別される人間とは何なのか、について語りたいと思います。十六世紀後半から十七世紀初期にかけて、ハビアン[*1]という北陸出身のイエズス会宣教師がいました。彼はもともと禅僧だったのですが、仏教を捨ててキリスト教に帰依し、ハビアンという名前をもらいます。そして有名な『妙貞問答』を書くのですが、のちにキリスト教を捨て、今度はキリスト教批判の書『破提宇子』（ハデウス）を書いて、徳川幕府第二代将軍・徳川秀忠に献呈しました。

私はかつて、ハビアンについて紹介しながら次のように書いたことがあります。

〈ハビアンは万物は次の四つから成り立つという。

一　セル

二　アニマ・べゼタチイバ　生魂

三　アニマ・センシチイバ　覚魂

四　アニマ・ラショナル　霊魂・理性魂
セルとは天地日月、金石などの無機物、アニマ・ベゼタチイバは非情の草木、アニマ・センシチイバは知覚をもつ鳥獣虫魚、そしてアニマ・ラショナルは飢渇、寒暑を感じる上に、さらに物の理《ことわり》を知り、是非を論ずる知覚をもつ者、すなわち人間である。〉（中西進著『こころの日本文化史』岩波書店、一〇六ページ）

江戸時代には士農工商という身分制度が敷かれ、とりわけ農民は支配層から「黙って年貢を納めろ！　オマエらなんてオレたちから虫けらみたいなものだ！」と言われていました。

「心」と「魂」という次元から考えるならば、人間はアニマをもたない石ころと同等ではない。感情や心をもたないアニマ・ベゼタチイバでもない。犬畜生や魚の

＊1　ハビアン
一五六五〜一六二一。禅僧出身。仏教を捨ててイエズス会修道士になり、『妙貞問答』を書いたのち棄教。徳川秀忠体制のもと、元修道士として長崎のキリシタン弾圧に協力した。

ようなアニマ・センシチイバでもない。人間はアニマ・ラショナルである――ハビアンが説いた説法は、江戸の民衆にはまさに福音として響いたことでしょう。

磯田　近代のヨーロッパがもっていた知性が、江戸の早い時期から宣教師を通して日本にも入ってきました。

中西先生がおっしゃるとおり、ハビアンがもってきた西洋思想は、日本人にとっても非常に魅力的な話として伝わったに違いないと思います。

AI（人工知能）時代を生きる我々にとって「知」や「霊魂」「感情」といったワードそのものについて、新しい定義づけが必要になってきました。中西先生が紹介してくださったハビアンの四分類は、現代人にとってとても興味深いものです。

日本史を読み解くための三つの分岐点

中西　やや大袈裟に聞こえるかもしれませんが、私は日本史全体を三つの大きなくくりで考えるのです。

第一に、五世紀という切れ目です。大陸側から入ってきた儒教の影響を受けて、これまでとかく神仙思想の中に置かれていた天皇が儒教的価値観の中心に置かれるようになりました。やがて日本の支配層やインテリの間に儒教が普及し、それまでの価値観はガラリと変わる最初の時代でしょう。

第二に、鎌倉時代（一一八五～一三三三年）が始まった十二世紀という区切りです。習作期だった奈良時代の仏教は、鎌倉時代にいよいよ日本的な仏教として完成していきました。

磯田 第三に、近代が始まった十九世紀という大きな切れ目です。

先ほど話題にのぼったハビアンの『妙貞問答』は、一六〇五年に書かれたものです。キリスト教の宣教師が西洋思想を日本にもってきたからといって、ただちに日本の支配層やインテリ、草の根の民衆にまで浸透するわけではありません。

中西 ええ。もちろん弾圧につぐ弾圧に遭います。それをふくめて時代はすぐに新しくなるわけではありません。二〇〇～三〇〇年の混乱期を経てから、ようやく安定期に入るものです。その中で日本でも宗教を時代を大きく区切るエポックメイキングな要素と考えてよいかと思うようになっています。

『妙貞問答』が発表される四〇年ほど前には、ポルトガルからやってきたイエズス会の宣教師ルイス・フロイスが[*2]『日本史』を発表しました。フロイスは織田信長のもとで『日本史』を編纂し、この本が『妙貞問答』の土台の役割を果たします。

磯田 織田信長はキリスト教を良しとして保護しましたが、日本の切支丹は、のちに大弾圧を受けます。

中西 日本史上、キリスト教は二度上陸に失敗しました。初めてキリスト教が日本に入ってきたのは、八世紀のことです。中国から「景教」とか「太秦教」と呼ばれるキリスト教の宣教師が日本にやってきたものの、あえなく衰退します。ちなみに東映の映画で有名な京都の太秦には、当時キリスト教の寺院がありました。その名残りが太秦神宮の鳥居などに見られます。

フロイスやハビアンによる第二のキリスト教上陸も、一六三三年の鎖国令とキリスト教弾圧によって敗退していきました。その後、晴れてようやく日本に第三波のキリスト教が上陸できたのは十九世紀のことです。

明智光秀の娘・ガラシャ姫

中西　安土桃山時代を生きた明智光秀の娘・ガラシャ姫[*3]は、とても熱心なキリスト教徒でした。「ガラシャ」とは、キリスト教徒として洗礼を受けたときの名前です。彼女は細川忠興と結婚して「細川ガラシャ」と名乗ります。
　明智光秀が本能寺の変[*4]で織田信長を殺したため忠興と離婚したり、豊臣秀吉や徳川家康の口利きで忠興と再婚したり、最後は関ヶ原の戦い[*5]の渦中で自害したりと、

＊2　ルイス・フロイス
一五三二～九七。ポルトガルのイエズス会宣教師。キリスト教保護政策に努めた織田信長のもと、畿内や九州で布教。フランシスコ・ザビエル以降の布教史『日本史』を執筆した。

＊3　ガラシャ姫
一五六三～一六〇〇。関ヶ原の戦いで豊臣勢を敵に回し、石田三成に追い詰められて自害。

＊4　本能寺の変
一五八二年、高松城の毛利氏を攻める羽柴秀吉に加勢するため、織田信長が出陣。道中で京都・本能寺に滞在中、配下の明智光秀から襲撃を受けて万策尽き、寺で自害した。

＊5　関ヶ原の戦い
豊臣秀吉死後の一六〇〇年九月に発生。東軍（徳川家康）と西軍（石田三成）が争い、小早川秀秋の裏切りによって東軍が勝利。一六〇三年から徳川体制の江戸時代が開幕する。

波瀾万丈の人生を送りました。

磯田 二〇二〇年のＮＨＫ大河ドラマが明智光秀の「麒麟がくる」に決まりました。まだちょっと先の話ですが、ガラシャ姫の話は大河ドラマでもたくさん取り上げられるでしょうね。

私は細川家の資料や所蔵品を管理する公益財団法人「永青文庫《えいせいぶんこ》」*6の評議員を務めているものですから、ガラシャ姫や細川家のことについてあれこれ訊かれることが多いのです。十六世紀後半の段階で、なぜガラシャ姫が日本でいち早くキリスト教を信仰していたのか。大河ドラマをきっかけに、多くの日本人が彼女について知るはずです。

戦死者を「頭数」で認識する為政者

中西 キリスト教とともに日本に入ってきた西洋文明は、民衆に「自分たちは一人の人間である」とはっきり自覚させました。

これと正反対なのが戦争ですね。戦争を主導する支配層は、戦力を動かすときに一人ひとりの人間を無視するものです。

日本の中世と呼ばれる四〇〇年間ほどは、人々をこうした絶望におとし入れた時代だったのではないでしょうか。その中で命をかけて戦ったのが農民兵です。まさに戦争の混乱期の中で、宗教的価値観によって人間性を問うことがいかに意味があったか。いつ戦場で死ぬかもしれない農民兵たちが「そうか、オレたちも人間だったのか」「オレたちは虫けらや獣とは違うのだ」と自覚した瞬間、彼らにとってはものすごい福音だったと思います。

磯田　「損害を最小限に抑えて戦争に勝った」なんて言い方をする人がいます。僕はこういう考え方はとんでもないと思い、いつも自分の子どもや学生にこう言ってきました。

「一〇万の兵をもつ敵軍を打ち破り、相手側に五万人の戦死者を出した。こちら

＊6　永青文庫
東京都文京区目白台にある細川家の屋敷跡。国宝八点、重要文化財三二点、六〇〇〇点の美術工芸品、四万八〇〇〇点もの歴史文書を所蔵し、博物館として一般公開されている。

側は完全勝利して、たった一人しか戦死者が出なかったとしよう。もし君がその戦争に参加して、君が味方で出たたった一人の戦死者だったとすれば、君は華々しい戦勝を見ることすらできないのだ。どんな戦も、個々人の視点から見なければいけない。死んだ一人にとって、戦争はまったく意味のない行為だ。そのことを考えずに、近代の戦争は抽象的な数字に人間を置き換えてきた。これほど怖ろしいことはない」

中西　そのうえ生産性をひたすら追求する経済の分野でも、医療の分野でも、「一人の人間」という当たり前の視点を無視して、人間を数字に置き換える勘違いがしばしば起きます。

磯田　「human being」（人間）とか国民国家とかいう枠組みでくくって、生きているの死んでいるの、被害が多いの少ないのと言うのはどうかと思います。

「human being」や国民国家を細分化すれば「個体の生き物」としての一人の人間がいるのに、「そこに人間がいる」という当たり前の発想が根底になくなっても平気になってしまう。これは、近現代の人間が陥りがちな怖ろしい誤りです。

アイルランドの詩人マイケル・ロングリー

中西　私はつねに実感が大事だと思っているんですよ。農村に行きますと、先頭のとんがったお墓があります。これは戦死者の墓です。

磯田　星マークのついたお墓ですね。「陸軍伍長」とか書いてあります。

中西　立派なお墓は、たいてい日清戦争（一八九四〜九五年）や日露戦争（一九〇四〜〇五年）あたりの戦死者です。その後の戦争となると、ものすごい山村僻地であっても、あまりにも死者が多すぎて一人ひとりの立派な墓石を造るのが追いつきません。その地域だけで何十人もの人が死んでいるので、ごく小さい簡素な墓が立っている。一方、都会だと「無名戦士の墓地」を造って不特定多数を一つの墓にまとめています。「無名戦士の墓地」なんてものができること自体、ものすごい罪悪ではないでしょうか。名前を失ったからといって、死者が一人の人間でなくなったわけではない。そこには一人の人間の死が厳然としてあるのです。

じつは大伴家持の生誕一三〇〇年を記念して、富山県が「大伴家持文学賞」を創設しました。私は富山県立「高志《こし》の国文学館[*7]」の館長として、「大伴家持文学賞」の選考委員長を務めましたが、二〇一八年の第一回受賞者として、アイルランドの詩人マイケル・ロングリー[*8]を選びました。

磯田　マイケル・ロングリーという詩人の名前は、まだ日本の多くの読者が知らないと思います。

中西　ええ。ところが彼も、戦没者の墓地を詩に詠んでいるのですよ。西洋の墓地では、ブワーッとたくさんの十字架が並んでいますよね。それを氏は細かい吹雪に包まれるように、十字架が並ぶ墓の向こうが見えなくなってしまうと描写しながら、墓地で眠る戦没者の固有名詞をずっと並べていくのです。

戦争によって尊い生涯を終えて墓地に埋葬される死者には、一人ひとり必ず名前があります。そのことを、私たちはゆめゆめ忘れるべきではありません。

磯田　墓地に眠る人々は、歴史と時代の証明者です。南北戦争中の激戦地ゲティスバーグにはアメリカの国立戦没者墓地があります。

ここでエイブラハム・リンカーン大統領[*9]は「government of the people, by the people, for the people」（人民の、人民による、人民のための政治）という名演説を発表しました。

中西　この演説をもとに、アメリカ合衆国には平等を願う政府ができあがりました。戦争は死者をマス（mass＝集団）としてくくり、個々の人間性を抹消する。人間が陥りがちな怖ろしい過ちです。

太平洋戦争から生きて帰った学徒兵は、参謀部にいた一人のエリート将校が発した言葉を耳にして驚愕したと証言しています。驚いたことに、参謀部でかわされていた会話は「三〇〇でいいか」「いや、五〇〇でしょう」というものでした。

＊7　富山県立「高志の国文学館」
大伴家持、堀田善衞、源氏鶏太、角川源義、映画監督の滝田洋二郎や本木克英、細田守から藤子不二雄Ⓐ、藤子・F・不二雄に至るまで、富山県にゆかりのある作家や作品を紹介。二〇一二年に開館。

＊8　マイケル・ロングリー
一九三九～。北アイルランドの農村社会や政治をテーマとした詩人。主な作品に『存続せぬ都市』『爆破された眺望』『塀の上に横たわる男』『反響の門』『ハリエニシダの火』など。

＊9　エイブラハム・リンカーン
一八〇九～六五。アメリカ合衆国第一六代大統領。南北戦争を指揮して勝利に導く。一八六三年に奴隷解放宣言を出す。南北戦争終結直後の一八六五年、大統領在任中に暗殺。

磯田　「三〇〇」とか「五〇〇」というのは、敵兵の殲滅目標ですか。

中西　それが、殺すべき敵兵の数ではなく、消耗する日本軍の兵力を言っているというのです。「味方の犠牲は三〇〇人程度だろうか」「いや、五〇〇人の犠牲があれば、作戦を実行」と参謀部の将校たちは話し合っていたというのです。自分の国の兵隊の死を「三〇〇」とか「五〇〇」とか、抽象化された数字で数えている。彼はその感覚の鈍麻ぶりに、心底驚愕したそうです。

ベストセラー『死の壁』

磯田　養老孟司さんがベストセラー『バカの壁』（新潮新書）続編の『死の壁』（同）で、中西先生のお話に通じる指摘をしています。少々長くなりますが、興味深い箇所なのでご紹介しますね。

〈死が実在でなくなったことについては、派出所の看板が象徴的です。あれを見ればいかに死を実在でないと考えているかがよくわかります。なぜならあそこにある死亡事故の看板には数字が書いてあるだけなのです。「昨日の交通事故死者一名」と。そこでは人の死を単なる数字に置きかえてしまっているのです。見るほうには何の実感もわかない。むしろ故意に実感がわかないようにしているのではないか、という気もします。

中西　もしも事故の防止が狙いならば現場の写真でも飾ればよいが、そんなことはしない。何なら事故死した死体の標本でもいい。それが「一」という数字に置き換えられている。死んだのは老人かもしれないし、働き盛りのサラリーマンだったかもしれないし、子どもかもしれません。それぞれ別の人間です。しかし、派出所に書いてあるのは、顔のない死者が「一」人出たというだけです。〉（『死の壁』五一ページ）

中西　交通事故の現場で一人が亡くなったのだとすれば、その瞬間、一人の人間の人生が突然潰えてしまったことを意味します。その死を抽象的な数字だけで理解して片づけようとする感覚が警察の当たり前になるのは、じつに怖ろしいことです。

磯田　まさに知の退化であり、近代がやってきた一番駄目なことです。

中西　警察庁は交通事故の年間死者数をできる限り減らそうと目標を立てたとき、一時期自殺者の数と比較しているのを見て、深い衝撃を受けました。両方にどういう共通性があるのでしょう。

自殺者の数と交通事故の死者数を一緒くたに考えて、年間何人まで減らそうと目標を立てる。こういう雑な思考をしているようでは、深刻な禍根を生むことになるでしょう。

磯田　西洋で数量化革命が生まれ、人間はすべての事柄を数と量で抽象化するようになりました。巨大なピラミッドを造り、月に人類を到達させ、ほかの幾多の生物を絶滅させるに足る大量破壊兵器まで造ってしまった。

飛行機から見ても人工衛星から見ても、地球上で最も盛大に繁茂している生き物は人間です。でも乾燥重量だけ見れば、生物最大の勢力をもつのは人間ではありません。牛です。

なぜ牛が地球最大の乾燥重量を誇るようになったのでしょう。人間が牛を食物するからです。牛は人間に食われるために、乾燥重量で第一位の生物になったにすぎません。

その人間が、斯くも傲慢にすべてを数量化、抽象化している。人類の知性は進化しているように見えて、じつのところ、深刻な退化へと向かっているのかもしれません。

「知性」「理性」よりも人間を人間たらしめる「悟性」

中西　この章の冒頭で、キリスト教の宣教師ハビアンが言った「アニマ」の概念についてご紹介しました。「アニマ」の四分類は、たいへんに西欧的な切り取り方です。キリスト教は、神が自分の姿に似せて人間の体を造ったと考えました。その神の神たるゆえんは何でしょう。知性です。

哲学の思考実験を行ったり、数学を研究したり、芸術を創造する。これらを司るのは知性です。哲学にしても数学にしても芸術にしても、人間はそれぞれの分野を追究しながら、神の領域に一歩でも近づこうと努力してきました。

知性をもっているか、もっていないかという物差しであらゆる生物を分類し、知性の優劣によって神からの距離を測る。でもこういう思考の鋳型では、いつまで経っても神の領域には近づけないでしょう。ラテン語で言う「アニマ」（anima ＝魂、霊魂）は、知性というよりも「ratio」（理）です。

磯田 知性が優れているから偉いのではなく、根っこのところにある理性のほうがもっと重要だということですか。

中西 ＡＩ（人工知能）はやたらと「知」ばかり強調しますよね。ＡＩの開発者の中で「理」について強調する人は見当たりません。ただ「知る」だけでは、これはいかにも機械的な行動です。「理」は判断しなければいけません。機械的な第一次作業ではなく、もう一歩進んだ第二次作業です。

磯田 「知」を獲得したＡＩが、どの段階で「理」を獲得して人間を超えられるのでしょう。ＡＩはおそらく、いつまで経っても「理」は獲得できないのではないかと私は思います。

中西 「知」は知覚するだけですが、「理」には推量というややこしい作業が必要です。「理」は「ことわり」ですからね。知覚したことをいったん頭の中に放りこんで、文字どおり「割る」わけですよ。「分類」とは理性によってなされます。知性が「分類」や「判断」をできるわけではありません。頭の中に放りこんだ情報を図式化し、交通整理をする作業は容易ではないのです。

中西　「分類」や「判断」という人間の基本的な理念を発見したのはギリシャでした。
　ギリシャの知性はやがて「哲学」という体系知へと昇華し、世界を一括していきます。ただし知性も理性も、宗教からはどんどん離れていきました。私は宗教とは「知性」でも「理性」でもなく、「悟性」だと思うのです。「知る」でも「ことわる」でもなく「悟る」。

磯田　「知性」と「理性」と「悟性」を分けて考えねばならぬ、というお考えですか。中西先生、この視点は素晴らしいですよ。

中西　「悟性」や「宗教性」、悟る力がアリにもあるのかと考えますと、たぶんないと思います。ではほかの動物はどうでしょう。動物によっては一種の「悟性」「宗教性」が垣間見えることがあります。
　最近、星野道夫《ほしのみちお》さん[*10]の写真を見て驚きました。クマが鮭を襲おうと身構えて、川から鮭がパーンと跳ね上がったところを襲う瞬間の写真があります。その瞬間、ク

写真家・星野道夫と宮沢賢治

マと鮭は目と目を見つめ合っている。すごい瞬間を切り取ったものです。

磯田 いまのお話になぞらえて言うと、宮沢賢治[*11]は「悟性の文学者」と言ってもいいかもしれませんね。

中西 『なめとこ山の熊』という作品でしたか。クマ撃ちの男（食べる側）とクマ（食べられる側）の間の葛藤を、見事に文学化しました。

磯田 賢治が現代人にもウケる理由は、そういうところを描いた点にあるのですね。

中西 まさに「悟性の文学」ですよね。

数の発見——割り箸はどこまで細かく割れるのか

磯田 自分の子どもとおしゃべりしながら、理性がどこまで生まれつき備わっているものか実験してみたことがあります。ウチの娘も、僕と似て理屈っぽいのです。長女が四歳になったころでしたか。「ねえ、数っていくらでもあるの？」と言い出したのです。

そのときちょうど食事中だったので、すかさず僕は割り箸の一本を折って、「これで一本が二本になったよね」と示しました。

中西　それをもう一回折ると、二本が四本に増えます。もう一回折ると八本に増え、さらにがんばって小さく折ると一六本になりますね。

磯田　「これを一万、一〇万……と砂ほどの数に割っていったらどうなると思う？　数で考えてみて」と言ったら、娘はしばらく考えてから「そのかけらはなくなるんじゃないか」と言うのですよ。

また「かけらはそのうち小さくなりすぎてなくなってしまうけど、数はいくらでもあるかもしれない」と言います。

これは論理学的には間違っていません。目の前から物体がなくならなければ、数

＊10　星野道夫
一九五二〜九六。アラスカの野生動物と自然を撮影した写真集『アラスカ　極北・生命の地図』で木村伊兵衛賞を受賞する。ロシアのクリル湖畔で撮影中、ヒグマに遭遇して死去。

＊11　宮沢賢治
一八九六〜一九三三。岩手県花巻市出身の作家。詩「雨ニモマケズ」、童話『注文の多い料理店』『風の又三郎』『銀河鉄道の夜』など名作を数多く残すも、三十八歳の若さで逝去。

は有限である。物体がなくなってしまえば、数は無限であると言えます。アインシュタイン[*12]がすごかったのは、いまの割り箸の話をはじめとして、ありとあらゆる思考実験を頭の中でやったことです。

この思考実験の論理性の正しさが数学の基礎にあったうえで、アインシュタインは相対性理論というものすごい発見をしました。

程度の差、早さ遅さはあれ、人間は先見的に理性の本体をもっています。娘と割り箸の話をしながら、僕はそのことを確信しました。

中西　「有限」とか「無限」という概念は、極めて高度で難しいものです。

インドの数学者は、あるとき「零」という概念を発見しました。ただ単に位取りとしてではなくて、存在として「零」という状態があることに気づいたのです。すべてが「empty」（空っぽ）の状態として存在している。これが仏教で言うところの「空」です。

おそらく「割る」という概念は、「存在すること」を前提としているのですよね。割り箸があまりにも小さくなったら割れません。電子顕微鏡でいくらでも拡大すれば、永久に割れ続けるとも言えます。古代ギリシャの哲学者ゼノン[*13]は「アキレスと亀」で有名です。

磯田　足が速いアキレスが、のろまな亀を追いかけます。亀がいた地点にアキレスが追いついたときには、のろまとはいえ、亀はちょっとだけ前に進んでいるわけです。そこから再スタートしてアキレスが亀に追いつこうと走り始めても、先ほどまで亀がいた地点にアキレスが追いついたときには、亀はまたしても少しだけ前に進んでしまう。

　これを永遠に繰り返していくと、「アキレスと亀」の競争は「亀の勝ち」という状態が続き、アキレスは亀には追いつけません。

中西　どこまで進んでも、アキレスと亀の間にある空間は永遠に埋められない。ゼノン

＊12　アルベルト・アインシュタイン
一八七九〜一九五五。「特殊相対性理論」「一般相対性理論」「光量子仮説」を打ち立て、一九二一年にノーベル物理学賞を受賞。米ソ核開発競争に異を唱え、平和運動にも挺身。

＊13　ゼノン
前四九五ごろ〜前四三〇ごろ。古代ギリシャ哲学者（エレア学派）。「アキレスと亀」「飛矢静止論」など「ゼノンの逆説」を提唱し、アリストテレスから「弁証法の祖」と称された。

の哲学は、じつに奥深いものがあります。

「雁の鳴き声を萩が聞く」という自然観

中西　江戸の宣教師ハビアンが説く生命論で言うと、「アニマ・ラショナル」（霊魂・理性魂）より二段階下の「アニマ・ベゼタチイバ」（生魂）は、自然界の生物では草木に当たります。相撲の番付表に喩えれば、幕下みたいなものでしょうか。

幕下の草木は、人間のように道具を発見する手立てをまったくもっていません。目や耳もなく、どこまで行ってもひたすら見合う「無限微」です。「無限微」とも言うべき草木に、果たして知覚という機能はあるのかないのか。

この点について、万葉集に〈雲の上に鳴きつる雁の寒きなへ萩の下葉は黄変《もみち》ぬるかも〉（巻八―一五七五）という興味深い一首があるのです。

磯田　それは興味深い。空を飛ぶ渡り鳥の雁が鳴く声を地上の萩が聞いて、葉っぱが紅葉として色づくというわけですか。

中西　ええ。「葉鶏頭《はげいとう》」という花は、雁が飛んでくる八月あたりから葉っぱの色が変わります。俳句の言葉で、この「葉鶏頭」のことを「雁来紅《がんらいこう》」と呼ぶのです。

磯田　雁がやって来ると、とたんに葉っぱが紅色に色づく。

中西　萩をはじめとする木々の色が秋になると変わる。これは植物が勝手に赤くなったのではなく、雁が赤くしたのだと擬人化するのです。しかし万葉人に「擬人化」の考えはありませんので、萩が雁の声を聞いて「ああ、今年も雁が来たな。そろそろ紅葉にしよう」と萩が赤くなる。松尾芭蕉《まつおばしょう》*14は〈鶏頭や　雁の来る時　なほ赤し〉と詠みました。

万葉の歌人にしても芭蕉にしても、植物が聴覚をもっていたと考えていたのかもしれません。だって空を飛ぶ雁の声を聴いて、季節の移り変わりを知覚しているのですからね。じつに「耳寄り」な話でしょ（笑）。

＊14　松尾芭蕉
一六四四〜九四。江戸時代前期の俳人。「談林風」をベースとして発展させた「蕉風」と呼ばれる俳諧を確立する。俳諧のほか、『野ざらし紀行』『更科紀行』『奥の細道』『嵯峨日記』など著書多数。

第6章

万葉集は乱世によみがえる

本居宣長と平田篤胤と儒教の死後観

磯田　古代の人々の死生観はおもしろいものでして、どうやら当時の人たちは死ぬことを「終わり」だとは考えていなかったフシがあります。なのにあれだけ万葉集や古代社会について研究した本居宣長《もとおりのりなが》*1は、死への恐怖心に脅え、死をいつも強く意識していたように思うのですが。

中西　そのとおりです。「よみの国にゆく」と考えて悲しむばかりだと言います（『鈴屋問録』）。そこで本居宣長は、生きている間に墓地まで造りました。自分の葬式の役目には何人いって、葬式で人々がどういうふうに並ぶかも生前に決めていました。

磯田　葬式にまで序列をつけるところは、やけに儒教的ですよね。

中西　彼の中心に、儒教的な価値観が強くあったことは間違いありません。本居の死後観はよみの国へ行くと日本的ですが、自分の好きな場所に墓を造り、生きている自分が参加できるわけでもないのに、葬式の段取りまで決めてしまいました。これはもしかすると中国の皇帝の陵墓を意識したものかもしれません。

磯田　儒教の価値観は、男系を中心に集団の中で序列を作り、妻子を設けて家族を永続させていこうとします。個々人の人生は死ねば完結してしまいますが、男系の系列が子々孫々つながり、祭祀を継続することによって、死者の魂は永遠に祀られ続けると考えるのです。これをかなり緩く変形したのが、日本の婿養子制度でしょう。

中西　たとえ男系の跡継ぎが途絶えたとしても、婿養子をもらえば、形としての男の世継ぎが家系の中に誕生します。

磯田　本居宣長のあと、こうした儒教の死後観を徹底的に自由に否定した人物がいます。それは平田篤胤《ひらたあつたね》*2です。平田篤胤は、死んだ人間の魂は自由に好きなところに行くと考えました。

＊1　本居宣長
一七三〇～一八〇一。荷田春満、賀茂真淵、平田篤胤とともに江戸期の「国学の四大人」と言われる。「もののあはれ」の分析や、三〇年以上かけた大著『古事記伝』が有名。

＊2　平田篤胤
一七七六～一八四三。本居宣長没後の門人として国学研究に取り組む。自らが重視する復古神道を、幕末に展開された尊王攘夷運動の思想的バックボーンへと仕立て上げた。

中西　私もそのことを「北と南の思想家」として書いたことがあります（『日本の文化構造』二〇一〇・岩波書店）。

インドと中国、韓国、日本の風土

中西　アジアの文明は西から東へ進みました。アレキサンダー大王はインドへ進んで道を開きましたし、アジアではインドから中国経由、韓国経由で日本まで宗教と文化が東漸します。ただし、どの地域でも全部一律で宗教や文化が受け入れられたのではなく、むしろ地域に応じた柔軟な変容がなければ、どんなに素晴らしい宗教や文化であっても発展しません。

インドの燃えるような亜熱帯気候は、強烈なパッション（情熱）を重んじました。仏教では何千、何万どころか、ものすごい単位の数を比喩として用いますよね。「弥勒菩薩は釈尊が死去したあと五六億七〇〇〇万年後に再誕して多くの人々を救済する」なんてダイナミックな説話もあります。

磯田　強烈な感情とパッションに突き動かされたインドのような風土でなければ、こう

中西　いう突拍子もない時間感覚を説話として残せません。

仏教には「那由多」とか「阿僧祇」とかいう、数えることすらできないような天文学的数字も出てきます。

磯田　ガンジス河の砂の数だけあるという「恒河沙」なんて数字の単位もありますよね。

中西　こういう空想的な哲学が生まれたのは、インド特有の風土のゆえでしょう。ですから仏教が中国に入ってきた当初は拒否されて、なかなか定着しませんでした。やっと中国で仏教が根づき出したのは、前漢（紀元前二〇二～紀元後八年）と後漢（二五～二二〇年）の間の時期です。キリストが生まれたころのことでした。

中国は仏教が伝来する五〇〇年くらい前に、ものすごい思想を組み立てています。儒教があり、老荘思想[*3]があり、道教もありました。その中でも最も優れていた思想が儒教です。何が中国であれだけ雄大な思想を生み出させたのか。

＊3　老荘思想
春秋戦国時代の思想家・老子と荘子の思想。孔子と孟子の思想は儒教の骨格となり、老荘思想は道教を形作った。老荘は宇宙の根源を「無」と見なし、「無為自然」を唱える。

私は中国特有の不毛の大地だと思うのです。熱気すらなく空漠とした大地だけしかない。こういう大地から儒教が誕生しました。儒教を支えるものは、社会を秩序化するロゴスへの信頼だと思います。

中国を語るのは、次のような言葉ではないかと私はよく言うのです。「大地を眺めていると農夫が地平線に現れて、また地平線に消えていった」。広漠とした大地が地平線の果てまで広がっていて、見渡す限り何もない。そういう大地で農夫は仕事をし、生きてきたのです。

インドとは違って、中国の大地は極暑になれば寒冷にも切り替わります。こういう厳しい大地で生き抜くためには、智慧と人間力しか頼るものがありませんでした。人間が造りあげた精神的社会構造をハーモニアス（調和的）に組み上げて、美しき殿堂の如く完成させた。これが中国の倫理学です。

磯田　中国ではよく「天地人」という言い方をしますけど、あの言葉はまさに中国を象徴しています。方形（四角形）の大地があり、円形の天があり、その間に人がいる。「天が決めた」と考える「天命」がある。周の国で高められた道徳制度、人工的な行動規範であるところの「周礼」に従う。

中西　中国でできた儒教や道教は、やがて日本に渡って来ました。日本はアジアの中でも非常に特殊な地理的条件にあって、海洋の中に島国が漂っています。完全に海洋国家ですから、大陸側から渡ってきた思想がすんなり受け入れられるわけがありません。儒教や道教の思想に初めて触れた日本のインテリにとっては、「アンビリーバブル」（信じられない）としか言いようがなかったでしょうね。

そこで儒教や道教を日本で受容するために、思想の変容が起きました。オリジナルな思想を日本型に改編しなければ、どんなに素晴らしい思想であっても受容されません。思想がまったく同一である必要なんてない。むしろ地域によって違っていなければおかしいのです。

こうして日本流の儒学、日本流の老荘思想が磨かれていきました。

人間よりハブが上位に君臨する奄美大島

磯田　「人が地平線から現れて、再び地平線に消えていく」。中国大陸を象徴するこうした風景とあまりにも対照的なのが、僕がかつて訪れた奄美大島でした。人が地平線から現れ、丘を越えて地平線に消えていくどころか、見えるのはひたすらに湿気た森です。ひょっとすると昭和時代まで、この地には高松塚古墳の時代と同じような格好をしたシャーマン（祈禱師）がいたのではないかとすら妄想しました。それくらい、日本で最も沈殿した姿が奄美大島に痕跡として残っていたのです。

中西　石垣島や奄美大島では、僕のような珍来者や観光客が不用意にヤブに近づくと、地元の人が「危ないから離れてください！」と叫んだりします。西郷隆盛が島流しに遭って幽閉され、子どもを作った奄美大島はどのような場所だったか。

磯田　そこには、噛まれたらたちどころに死ぬハブがあちこちで生息しているのですよね。奄美大島のような小さな島に、人間よりも確実に強い生き物が生息している。しかも、ゲリラ兵のようにどこに潜んでいるのかわからない。こういう場所では、人間なんて所詮自然界のワン・オブ・ゼム（全体の一部）でしかないことを否が応でも痛感します。

だって人間が発する声よりも、鳥の声のほうがはるかにうるさいのですからね。ものすごい大声で叫ぶ鳥がいるかと思えば、水の音は高らかに鳴り響く。世の中は複雑怪奇で何が起きるかわからないし、起きたことには抵抗せず従ったほうがいい。

アナーキーで複雑な自然界を受け入れて暮らすしかないのです。奄美大島のような場所に身を置きますと、一つの法則や原則で物事を割り切ろうなんて気にはとてもなりません。

もちろん日本でも、下北半島の先っぽのほうには水田稲作ができない地域もありました。江戸時代に入っても青森の北のほうでは米を作れず、馬を飼って人々が生き延びる牧畜社会があったのかもしれません。そういう社会を含めてもなお、一番最後まで残った古めかしい日本社会は照葉樹林帯、さらに言うと高温多湿な南の島の森だったのです。

中西　海洋国家である日本には、奄美大島のように独特な南方の海洋文化が混在しています。一口に海洋性といっても複雑で多彩な色合いがあり、その中で独特の日本文化が醸成されていきました。

日本人の思考は流動性を特色としますから、日本的ではない文化や習慣であっても、手放しでどんどん受け入れてアレンジしてしまう器用さがあります。

磯田　原則は何本あってもいい。複雑になったってかまわない。いくらでも追加で受け入れる。上にどんどん新しい色を上塗りして、前の色と混ざろうが何しようが大丈夫なのですよね。

中西 ええ。そういう文化の混淆が違和感なく純粋に起きるのが、日本文化の不思議なところです。

南方熊楠と粘菌

磯田 近年「バイオマス」という言葉がしきりに語られるようになりました。

中西 「バイオマス」とは「bio」(生物資源)と「mass」(量)を組み合わせた新語ですね。

磯田 生物がある一定の面積で、どのくらいたくさん多様に存在するのか。バイオマスが極端に低いのは、北極や南極、砂漠です。こういう地域では、しばしば一神教が誕生します。絵画やデザインも白と黒だけだったりしますし、南極や北極では、なぜか生き物もシャチやペンギンみたいに白か黒だけの配色です。

奄美大島をはじめとする南の島の照葉樹林帯には、粘菌という変わった生き物がいました。「この動く菌に知性があるかもしれない」と仮説を立てた南方熊楠《みなかたくまぐす》*4は、大英図書館の本を読み尽くして徹底的に粘菌を研究し、科学雑誌「ネイチャー」に論文を書きます。

粘菌は動いてエサを食べるだけでなく、エサを求めて複雑な迷路も解くようです。生物の中では最も原初的な部類の形態をもつ粘菌には、脳はありません。たとえ脳がなくても、ひょっとすると粘菌は思考しているかもしれないのです。

中西 鬼才・南方熊楠の知性は、私たちの想像を絶するほど高いレベルまで迫っていました。

磯田 そもそも熊楠は、紀州の田辺（現在の和歌山県田辺市）という非常に高温多湿な地域から出た思想家です。

中西 紀州は黒潮に洗われ、気候がとても暖かい。海に乗ってここにもヤシの実が流れてくるような地域です。一九二九年（昭和四年）には、伊勢湾の神島を昭和天皇が訪れました。このとき田辺にいた熊楠が天皇の元に呼ばれ、キャラメルの箱に入れ

＊4　南方熊楠
一八六七〜一九四一。生まれは和歌山市。大英博物館で万般の学問を修したのち、田辺市で民俗学、生物学、粘菌の研究に取り組む。二〇カ国語を使いこなしたと言われる博覧強記。

た粘菌の標本を献上したという有名な逸話があります。

磯田 昭和天皇がのちに和歌山県白浜町を訪れたとき、神島を眺めながら〈雨にけふる神島を見て　紀伊の国の生みし南方熊楠を思ふ〉という御製を作られました。あの高温多湿な地域から、日本を煮詰めに煮詰め尽くしたようなとんでもない思想家が出た。その事件を、昭和天皇が直観的に見抜いたのではないかと思います。

中西 風土というものは、私はすべての胎盤だと思うのです。きっと田辺のような風土だからこそ、南方熊楠というおもしろい人間が生まれたのでしょう。

乱世に万葉集が流行する理由

中西 七世紀後半から八世紀後半にかけてできあがった万葉集は、時代を超えて今日まで読み継がれてきました。というよりも、乱世になればなるほど人々は万葉集を求め、万葉の人々の叡智を渇仰してきたとも言えます。今日もまた乱世であるならば、二十一世紀の人々も万葉集に学ぶところ大ではないでしょうか。

磯田 五世紀の日本では、それ以前よりもはるかに組織だった軍事力が編成され、大型動物（牛馬）が積極的に使用されるようになりました。軍を動員するために国家が形成され、鉄器の利用量はケタ違いに上がり、数字や漢字を運用して倉庫群も造られます。中国製の文字を使って官僚制を作り、軍隊を編成して国家管理をする。五世紀から八世紀にかけて、こうしたことが政策目標として進められました。

中西 二世紀末から三世紀前半にかけて、邪馬台国の女王・卑弥呼《ひみこ》*5が活躍しました。卑弥呼のころも似たようなことをやろうとしたはずですが、国家が軍隊を編成して人々を大がかりに管理するところまではほど遠かったようです。

磯田 卑弥呼は一生懸命中国を真似ようとして、道教に日本在来のアニミズムを混ぜ合わせて味つけしました。考古学者が言うところでは、天壇（神仏を祀る壇）と地壇（地祇を祀る祭壇）を合体させたのが前方後円墳だそうです。

当時の人々は、桃に特殊な力があると信じていました。卑弥呼の時代の旧都とさ

＊5　卑弥呼
生没年不詳。二世紀末〜三世紀前半に邪馬台国を統治したと言われる伝説の女王。『魏志倭人伝』には、三十数カ国を統治して明帝から「親魏倭王」に認定されたとの記述がある。

れる纒向《まきむく》遺跡*6からは、桃の種が数千も出土しています。後の時代で言う采女《うねめ》（女官）のように、王族の女性等々を集めてみんなで桃の採取をやっていたはずです。

中西　桃は女性の象徴ですしね。

磯田　そういう世界が形成されると、「人々を束ねる原理」は物的な力、暴力を先鋭的に帯びるようになります。応神天皇（五世紀前後に活動したとされる）から進んで、雄略天皇（五世紀後半に活動したとされる）の時代に至ると、日本国家は中国大陸や高句麗と比べても遜色ない兵力、軍事装備を形成しました。応神朝の日本は、中国大陸側から大量の知を輸入し、文字を取り入れました。仁徳天皇陵で有名な仁徳天皇（生没年不明）の「仁徳」とは、死後に贈られた諡《おくりな》です。「仁」という名前を諡にするとは、めったにあることではありません。「仁」はまさに儒教の中心概念ですからね。

中西　いや、じつにいい分析です。とにかく実在がまず事実になるのは中国文書に現れる倭の五王ですし、記紀も五世紀を「今」として書かれていますね。「五世紀は日本にとってのエポックメイキングな分岐点だ」と私が主張しても、なかなか賛成を得られません。磯田さんがおっしゃった時代の整理の仕方は、まことにすっきり合点がいきます。

磯田　応神天皇の時代からひたすら中国を真似して、雄略天皇の時代には軍事力でほぼ中国や朝鮮半島と並ぶ。中国や朝鮮半島側から討伐を受けることを恐れていた日本は、白村江の戦い（六六三年）で反対に唐や新羅に戦争を挑みます。

天武天皇（在位六七三〜六八六年）や持統天皇（在位六八六〜六九七年）の時代、日本に「本当に我々は律令中国モデルで心の安寧を保てるのか」という問いが渦巻きました。そこに万葉集が登場するのです。

中西　一〇〇年近く遅れはしましたが、日本の体制も朝鮮半島と変わらない状態になった。

江戸時代に大流行した万葉集

磯田　万葉集は中世の入り口ではやっただけでなく、江戸時代の後半にも流行しました。

＊6　纒向遺跡
奈良県桜井市で発見された。箸墓古墳（前方後円墳）、掘立柱建物や住居跡、導水施設など大規模。出土した桃の種の年代を解析し、邪馬台国の跡地ではないかと話題になった。

中西　本居宣長の後半期から流行したと考えたほうがいいでしょうか。あるいはもっとあとですか。

磯田　元禄のころ、僧侶でもあり歌人でもあった契沖《けいちゅう》*7が出ます。契沖は考古学者であり、註釈学者として世に出ました。それよりもうちょっとあとの時代に、精神の何たるかを問うたのが賀茂真淵《かものまぶち》*8です。どうもこのあたりから、江戸の万葉集ブームがだんだん本格化していきました。

中西　ドカンと広まるのは幕末近くですかね。そして宣長を迎えます。

磯田　江戸末期の万葉集ブームの中心になったのは、むしろいくつかの地方に育った国学者の力ですね。越前の橘曙覧《たちばなあけみ》*9とか土佐の鹿持雅澄《かもちまさずみ》*10とか。「浦賀沖に黒船が来たらしい」と日本中が大騒ぎになり、「こういう乱世にはやはり万葉集だ」と万葉集が再注目されたのです。

僕の故郷・岡山に、平賀元義《ひらがもとよし》*11という変わった男がいます。彼は江戸後期に、万葉集をひたすら追究しました。僕は平賀元義が書いたものを見つけると、必ず買い入れるのをライフワークにしているのです。彼が書いたものを、いずれ故郷にまとめてもって帰りたいと考えています。

中西　私もまだ残っていた元義の旧宅を見に行ったことがあります。書いたものもけっこう残っているのですか。

磯田　ええ、丹念に探すとけっこう見つかります。ウチにあるものだけでも、すでに六

＊7　契沖
一六四〇～一七〇一。徳川光圀の命を受け、万葉集を注釈した『万葉代匠記』を書く。『和字正濫鈔』では歴史的仮名遣いを解説し、古典研究・注釈に目覚ましい貢献をした。

＊8　賀茂真淵
一六九七～一七六九。本居宣長の師匠。万葉集をはじめ古典の研究に取り組み、『万葉考』『国意考』『歌意考』『冠辞考』など多くの著作を残す。万葉調の歌人としても有名。

＊9　橘曙覧
一八一二～六八。本居宣長門下から国学を学ぶ。王政復古を求める国粋主義者だった。万葉調の歌が特徴。著書『囲炉裡譚《いろりがたり》』、約八六〇首を収録した『志濃夫廼舎《しのぶのや》歌集』など。

＊10　鹿持雅澄
一七九一～一八五八。土佐藩士として独学で万葉集を研究し、全一四一巻の注釈書『万葉集古義』をまとめる。明治天皇に認められ、明治期に入って宮内省から公式刊行された。

＊11　平賀元義
一八〇〇～六五。岡山藩を脱藩後、放浪の旅を経て賀茂真淵と出会い、国学を学んだのち歌人となる。「吾妹子」という言葉を好んで使ったため、「吾妹子歌人」と称される。

〜七点は買い入れたでしょうか。

仁徳天皇と民の竈

中西　五世紀までの日本全体は、古代の不可思議な神仙思想[*12]の中にあったのに、五世紀になると、突然仁徳天皇のような存在が尊重される風潮が出てきました。雨が降れば「雨に濡れるがままにしようではないか」と言い、どんなに皇室が疲弊しようが民衆を守ることを優先する。こんな天皇はなかなかいませんよ。

磯田　家々からのぼる煙の本数を見ながら「民の竈《かまど》がまずいことになっているな」と気づくわけですよね。他方で皇室の中には、兄弟を殺して王位に就くといった陰惨な史実もあります。

ただし、そういう史実は文字には残しません。文字を利用してウソをつき始める政権ができていった。今日につながる話です。

中西　武王とか武帝、武公と、武運猛々しい人間を先祖として権威づけする。これが中国史書の典型的なパターンです。そうやって日本でもまず王家を権威づけするところから始まり、次に「仁」を施して民の尊敬を集める。まず神武だけ。崇神・垂仁・応神・仁徳とさまざまに試行錯誤しながら、天皇を中心とする国造りが進みました。

「神」と「武」が名前につく天皇

磯田　これは古代ファンにはよく知られている話ですが、「神」がついている天皇の時代は何らかの始まりです。

中西　神武天皇や崇神天皇、応神天皇の名前に「神」がつきますね。

磯田　神武天皇は、伝説上の天皇の始まりです。考古学者の研究によると、どうやら文献の記録どおりに崇神天皇の墓があります。

この奈良県三輪山の麓《ふもと》にあった王権がなぜか山を越えて大阪に出現し、応神天皇

＊12　神仙思想
紀元前三世紀ごろ、古代中国で流行。「不老不死の薬」を得た仙人や、天地から海中まで自由自在に飛び回る神人にあこがれの念を抱く。その超越的な思想が道教に採用された。

は巨大な古墳を造りました。

崇神天皇が立てた王朝と、応神天皇が立てた王朝の間にどんな関係があったのかは諸説があります。いずれにせよ、応神天皇から何か大きなことが始まったことは間違いありません。


中西　日本中に神社が散在する八幡宮の祭神は、応神天皇が主座に位置しています。半ば伝説上の応神天皇の存在は、のちの世までずっと影響力をもちました。

天皇の名前についてつけ加えますと、「神」以外に「武」の文字がつく天皇も複数います。神武天皇、天武天皇、文武天皇、聖武天皇、桓武天皇はいずれも戦争を起こした天皇です。ほかに武烈天皇は暴逆の行いを集中させた天皇で、これも大陸の真似ですが。

奈良時代前後は本当に混乱を極めました。その後、桓武天皇によって長く続いた蝦夷《えみし》との戦[*13]によって初めて統一国家ができあがった後、もう武を名乗る天皇はいません。それまでは戦争に次ぐ戦争だったのです。五世紀から十二世紀までの七〇〇年間を見ると、前半は混乱期でした。日本が安定期に入ったのは、この七〇〇年間の後半期です。

日本史上初めて登場した「割り算」

磯田　応神天皇が出現するまで、日本には単なる王しかいませんでした。応神天皇が初めて日本の大君（天皇）として広く認知され、「大王インパクト」が日本を席捲します。

中国にある文字や文化を使いながら、いまの天皇につながる国家造りが進みました。

「大王インパクト」を否定するのが「将軍・武家インパクト」です。騎馬武者という新しい軍事技術を獲得した土地領主が各地で争いを繰り広げ、全国的な多極分散化が進みました。

*13　蝦夷との戦
北海道・東北から北陸・関東にかけて暮らしていたアイヌ民族を、大和朝廷が弾圧。大化の改新（六四五）後に朝廷の征討が激化し、アイヌは北方へ追いやられていった。

「将軍・武家インパクト」を否定し、駆逐する第三のインパクトは「西洋と自由のインパクト」です。

中西 あわせて刀や槍、弓矢が主体だった戦争に火縄銃という飛び道具が導入されて侍は驚愕し、最後はライフル銃によって決定的な軍事革命がなされました。

磯田 さらに宣教師の渡来と相まって「西洋の科学の流入」というインパクトが緩慢に進み、やがて明治維新が起きます。

いま申し上げた日本史の三分法は、二十一世紀下の日本史教科書に載せたいくらいですよ。

自分の人生についても、このような大局観に立った時代区分をしてみるとおもしろいはずです。「引っ越しをするまで」とか、「おじいちゃんが死んだあと」とか自分史を区切ってみると、人生観が変わってきます。

中西 本書第五章で、磯田さんが娘さんと頓智をめぐらせた「割り箸の割り算」の話題が出ました。足し算や引き算、掛け算までは初歩的な算数の知識があればできますが、日本に割り算が誕生したのはずっと後のことです。歴史の三分法で言いますと、「西洋の科学の流入」という「第三のインパクト」によって日本に割り算が輸入されました。
毛利重能《もうりしげよし》が[*14]『割算書』を書いたのは一六二二年、吉田光由《よしだみつよし》が[*15]『塵劫記』を書いたのは一六二七年のことです。『塵劫記』にはアダムとイブの口絵が入っているのです。なぜかといえば、『塵劫記』が割り算の書だからです。アダムとイブが禁断のリンゴを割って一つのリンゴを二人で食べた。これが日本人が目にした最初の割り算でした。

モノを割るというのは、極めて高級な行為です。割らなくても足し算を合わせればできるのですから江戸時代になって日本に割り算が出現し、解剖学までやり始めた。「第三のインパクト」は、大変化の時代をもたらしました。

＊14　毛利重能
生没年不詳。摂津武庫郡（兵庫県）出身。池田輝政に仕えながら京都で算学塾を開き、豊臣秀吉から「割算天下第一」と称えられる。日本最古の和算書『割算書』を著した。

＊15　吉田光由
一五九八〜一六七二。明の『算法統宗』を参考にし、イラスト入りで計量法・計算法、ソロバンの使い方を教授する和算書『塵劫記』を書いた。「和算書＝『塵劫記』」と評される。

アレキサンダー大王の巨大図書館

中西　エジプトのアレキサンダー大王は、図書館を造ったときに本をまず三分類しました。第一にポエム（詩）、第二に歴史、第三にフィロソフィー（哲学）という分類です。

磯田　数学はたしか哲学に含まれましたね。

中西　詩の次に歴史、続いて数学などの哲学という順番が興味深いですよね。哲学がさまざまある中で、時間概念は特に奥深いですが空間概念は割合わかりやすいですよね。京都と大阪が違うことは、見たまま言わずもがなですから。でもこうして磯田さんとお話ししながらいつしか時間を忘れてしまうように、時間概念とはいささかわかりにくいものです。その時間概念について、人類は哲学的に問い始めました。

磯田　情あり、趣ありのお話です。哲学とは一応何らかの理性的な論理を含んでいるものが多いわけですが、時間概念は必ずしも論理を必要とはしません。

中西　時間概念は理性でとらえることが可能ですからね。

磯田　かたや詩には感性や悟性が必要である。

中西　そう思いますよ。

磯田　歴史には知性が必要とされます。数を知り、バラバラの史実を整理し、「なぜ歴史はこういう動き方をしたのか」と分析しなければ史実を組み上げることはできません。

中西　知性、理性、悟性の三つの言葉による表現をギリシャ哲学は考えてくれたのに、人類はあとからこれら三つをグチャグチャにしてしまいました。情報なんてただの手段にすぎないですし、平気でウソをつく老獪な大人が平気で情報操作するものです。そんな情報を維持するための学問なんて、およそ基本的な勉強ではありません。人類にとっては、どこまでいってもポエムと歴史、哲学こそが学問の骨格です。

詩心と哲学こそが国を強くする

中西　なぜ政治にとって哲学と詩心が大事なのでしょう。なぜ「詩心と哲学が国を強くする」と言えるのでしょうか。揺りかごのように揺れ動く乱世の時代に、いみじくも万葉集が出現しました。人間の心性の根源にはつねに詩があり、物事を考える根底にポエムを置くことによって、治世は安定へと向かっていくのです。
詩の言葉は想像力を豊かにさせます。「お茶」は飲む茶を指しますけれども、「茶化す」という言い方もあれば「おちゃらけ」という言葉もあります。飲む茶、植木、人間の心の動きまでも全部集約して「茶」と言うのが、詩の言葉ですよ。
ある言葉を発したときに、その言葉の前には何が語られていたのか。次にはどういう言葉が語られるのか。連辞《サンタグム》の中で日本人は「枕詞」というダイナミズムをも発見しました。

磯田 大伴家持は万葉集で〈ひさかたの雨は降りしく石竹花《なでしこ》がいや初花《はつはな》に恋《こひ》しきわが背〉（巻二十―四四四三）と歌いました。

中西 「あしひきの」と言えば、次は「山」が来る予兆です。「ひさかたの」と言葉を発したあとには、次に「雨」が来ます。「雨」と「天《あめ》」のダブルミーニング（かけ言葉）によって、短い言葉の中に豊かな世界観を織り成していく。

磯田 大伴家持は万葉集で〈今日《けふ》のためと思ひて標《し》めしあしひきの峰《を》の上《へ》の桜《さくら》かく咲きにけり〉（巻十九―四一五一）とか〈あしひきの木《こ》の間立《また》ち潜《く》く霍公鳥かく聞きそめて後《のち》恋ひむかも〉（巻八―一四九五）と歌いました。

中西　連合表現である枕詞は、まだ語られていない未来までも呼びこむ能力を付加しているのです。

「メディア＝媒体」としての詩

中西　T・S・エリオット[*16]は「詩人は主体ではなく媒体である」と言いました。詩で語る「私」という一人称は主体ではなく、媒体である。早い話が「詩とは人と人を媒介するメディアだ」と言うのです。情報過多社会を生きる我々はやたらと「メディア」「メディア」と言いますが、これは古代から存在した詩的言語の復活でなければなりません。

万葉集は、アルカイックな（原初的な）言葉が記録された日本最古の歌集です。

＊16　T・S・エリオット
一八八八〜一九六五。イギリスの詩人、劇作家。長編詩「荒地」、詩劇「寺院の殺人」「一族再会」「カクテル・パーティ」などを書く。一九四八年にノーベル文学賞受賞。

時代が不安定になればなるほど、人々は万葉集のようなポエムこそを求める基準にしますよ。

磯田　詩という形式がなければ、感情が詩の箱に入れられて、我々のもとに運ばれてくる機会はありません。詩と和歌があるおかげで、我々歴史学者は助かります。詩でもない限り、前近代人——特に男の人が「泣ける」だの「笑えた」だの「うれしかった」といった感情を文字に残すことはありませんでした。

回想録にも日記にも、こうした感情のブレはいちいち記録しませんよね。政治家間がやり取りする書状にも、生の感情はほとんどあらわれません。維新の志士だろうが古い政治家だろうが、叙情的な和歌ではなく漢詩を綴ります。

中西　『日本書紀』の筆者たちは、非常にストイックな筆致で中国の史実を引きながら文章を綴りました。後世の政治家や維新の志士も、そうした手法に倣ったのでしょう。説明的になりすぎないストイックな書き方であっても、読み手は「ここで言っているのはあの文献にある記述のことだな」とちゃんとわかる。膨大な記述の全容量が、短い一つの言葉に凝集されているのです。

こういうストイックな詩の叙述を、「史官」と呼ばれる名もなき下級官僚が自己表現として綴っていました。そういう読み方をすると、『日本書紀』にはものすごい分量の「見えない情報」が入っていることがわかります。

たとえば大津皇子《おおつのみこ》[*17]は、中国で無実の罪に問われて死んだ濞《び》という王をモデルとして記述されています。「大津皇子は無実だ」とストレートには書かずに、淡々と中国の史書の濞と同じ叙述を綴るだけで大津皇子の無実を告げようとする。こうした筆致から、『日本書紀』を読む者は多くの想像力をかき立てられるのです。

日露戦争の時代を生きた秋山真之と秋山好古

磯田　今日の政治家や高級官僚は、詩なんてまったく書かなくなってしまいました。バカバカしいスキャンダルで辞任した財務省の福田淳一[*18]事務次官とか佐川宣寿[*19]・国税

＊17　大津皇子
六六三〜六八六。天武天皇の第三子。太政大臣を務めるも、草壁皇子との皇位継承争いで捕縛され自殺。辞世の句「百（もも）伝ふ　磐余（いわれ）の池に　鳴く鴨を　今日のみ見てや　雲隠りなむ」が有名。

庁長官にこそ、ぜひ漢詩を綴ってほしい（笑）。昔の高級官僚だったら、あれだけの騒ぎを経験すれば絶対漢詩を残していますよ。

でも福田氏や佐川氏は、残念ながら漢詩というメディアをもっていません。漢詩というメディアさえもっていれば、福田氏や佐川氏がどういう感情をもっていたかが、何百年後の後世にまでちゃんと記録されるはずです。

中西　大学入試に詩をろくに出さないことが、そもそもの問題ですね。詩を読まず、自ら詩を詠みもしない人間が、将来政治家や高級官僚になることを約束される。こういう教育はおおいに禍根を残します。

磯田　日露戦争のとき、秋山真之《あきやまさねゆき》*20のお兄ちゃんの秋山好古《よしふる》*21は陸軍士官学校の入試で「飛鳥山に遊ぶ」という漢詩を書いて合格し、陸軍に入ります。財務省であろうが防衛省であろうが、官僚の試験には漢詩を取り入れたほうがいいですよね。良い漢詩を書いた学生には点数を加点し、入省試験で残れるようにする。

僕はつねづね「政治を動かす人間には理・知・情・欲の四つが大事だ」と言うのです。理知だけで人間が動くわけではありません。情と欲こそが、人間をよく動かすのです。

たとえば「オレはあいつと昔からの友だちだ。あいつからの頼みとあらば、一肌脱いで難しい注文に応えてやろうか」「あいつはオレにおいしいものを食べさせてくれたことがあったな。あいつには深い恩義がある」「政治家として最終的に総理になれればいいが、危ない橋を渡りすぎて獄につながれるのは嫌だ」。これらは情と欲ですよね。

＊18 福田淳一
一九五九〜。八二年に大蔵省（現在の財務省）入省。主計局長などを歴任し、二〇一七年より財務事務次官。テレビ朝日女性記者へのセクハラ発言が発覚し、一八年四月に辞任。

＊19 佐川宣寿
一九五七〜。財務省で国税庁次長、理財局長などを歴任。森友学園の国有地売却問題について「記録は廃棄した」と虚偽の国会答弁をし、二〇一八年三月に国税庁長官を辞任。

＊20 秋山真之
一八六八〜一九一八。秋山好古の弟。日露戦争で連合艦隊作戦参謀を務める。「本日天気晴朗ナレドモ波高シ」といった独特の文体で報告書を記し、歴史好きの中にファンが多い。

＊21 秋山好古
一八五九〜一九三〇。清国駐屯軍守備隊司令官、近衛師団長、朝鮮駐箚軍司令官、教育総監などを歴任。日清・日露戦争で騎兵隊長を務め、「日本陸軍騎兵の父」と言われる。

中西　情と欲は、しばしば理屈を超越した人の行動基準となっています。

磯田　だけど他方で理知もあるわけです。理屈と智慧で考えて「日本が鳥インフルエンザのような細菌性疾患やパンデミック（感染症の世界的流行）に襲われる事態を想定して、東京だけでなく、関西でも京都産業大学あたりに研究所を造っておいたほうがいい」。こういう思考は情欲よりも理知によるものです。

水戸藩・徳川斉昭と「江戸のスイーツ」

磯田　理知と情欲の話をもう少し続けさせてください。「幕末の日本は列強の軍艦、異国船に襲われるかもしれない。年長で叡明（賢く物事に通じている）である水戸の徳《とく》川斉昭《がわなりあき》は海防が上手だ。徳川斉昭の息子である徳川慶喜《よしのぶ》に将軍になってもらい、日本を守るために海防を強化しよう」。これはまさに理知の論理です。

橋本左内《はしもとさない》[*22]が、一橋（徳川慶喜）公の言行録を作って大奥で配ります。すると大奥の面々は理知で判断して「そうか。そんな立派な人がいるのだな。いまの日本の政策目標は海防が第一だから、一橋公に将軍になってもらうのは良い考えだ」と納得する。

中西　人間とはときに情欲に突き動かされて冷静な判断を見誤りますが、情欲を揺り戻して理知に立ち返ることもあります。

磯田　平時から詩を読み、講談や落語の噺《はなし》、寓話から物事を考える癖をつけておくことは大事です。

水戸斉昭の水戸城では、険約令のせいで御殿女中はひどい目に遭っていました。和菓子はすべて廃止され、甘いまんじゅうは食べられなくなります。そこで女中たちは、「吉原殿中」というお菓子を考案して食べていました。

中西　「吉原殿中」ですか！

磯田　これはどういうお菓子かというと、釜の底についたお焦げを水飴で固めて、それを菓子の代用品として食べるのです。

＊22　橋本左内
一八三四～五九。緒方洪庵から蘭学と医学を学び、福井藩主・松平慶永とともに藩政改革に努める。一橋慶喜を将軍に推したため、安政の大獄で井伊直弼によって処刑された。

水戸斉昭のような人間の息子が、将軍様として大奥に入ってきたらどうなるのか。今後も甘いまんじゅうが食べられないことになりますよね。さあ、情欲で人間が動いて次の将軍を決めるのか。それとも理知で将軍を決めるべきなのか。

中西　こういう場合、人間はしばしば情欲を優先して理知を後回しにしてしまいがちです。でも甘いまんじゅうの誘惑に負けて将軍を選んだら、海防が十分強化されず国が滅んでしまうかもしれません。

磯田　政治とは理知だけで動くものではありません。そもそも人間は情欲によって幸せに暮らすことを目的にするものですし、理知は手段にすぎないわけです。そのあたりの本末を取り違えてはいけません。

マス（集団）を守る重い責任をもつ政治家や高級官僚が、理知と情欲の塩梅をどうわきまえるのか。理知と情欲の塩梅をわきまえるために、詩や歴史、哲学があるのです。

政治家は俗物中の練達者でなければなりませんし、中西先生のような学術中の練達者も必要である。理知と情欲の塩梅を練達するために、中西先生のような練達者の存在が重要なのです。

藤原定家の『明月記』

磯田　平安時代には長く安定した時期が続きました。平安時代が終わりを告げて乱世が始まった中世に、万葉集はどのように流行したのでしょう。

中西　平安の終わりごろに優れた写本が集中的に出ます。「天治本」*23や「元暦校本《げんりゃくこうほん》」*24などです。また万葉集を写す方法自体にも疑いをもちます。いままでは万葉仮名を平仮名に直して写してきたが、漢字の本体で書いて傍にルビを振るほうが正しいのではないかと。元暦元年は一一八四年ですから、まさに鎌倉の源平合戦（一一八〇〜

＊23　「天治本」
平安時代の天治期（一一二四〜二六）に書写された写本。万葉集を書写した『天治本万葉集』は全二〇巻のうち一部が見つかっており、万葉集研究の貴重な資料として重宝される。

＊24　「元暦校本」
平安末期の元暦（一一八四〜八五年）期に作られた写本（校本とは、複数の写本を比較検討した本文）。本居宣長は『元暦校本万葉集』を入手し、万葉集研究に活用した。

八五年）の真っ最中ですよね。

鎌倉幕府が成立するかどうかというころ、万葉集ブームが起こって源実朝もやたらと万葉集を読みたがりました。ちなみに源実朝の歌は万葉調ではありますけれども、本当の万葉調ではありません。ドラマチックといいますか、躍動感のある万葉調なのです。乱世に必要とされた歌は、万葉集をより多角的にした形だったのでしょう。

磯田 平安末期の人たちが心の在り処《か》を探している様子は、藤原定家の『明月記《めいげつき》』*25の行間から読み取れます。

中西 藤原定家は非常に人間的な人物でした。

磯田 これまで親しくしていた人が、急に生首になって転がされる。「死は穢れだ」として極力死刑を避けていた平安の時代が終わって、いきなり武具をつけてガシャガシャ鎧の音がする。何万もの馬のいななきが、自分の家の前を通る。剝き出しの暴力の前に、人々が言うことを聞かされる陰惨な時代が始まりました。

『明月記』を初めて読んだときに出会った「紅旗征戎非吾事」（紅旗〈＝朝廷の旗〉征戎〈＝外敵の討伐〉、吾が事にあらず）という言葉が、僕は忘れられません。

中西　そのくだりは、藤原定家が十六歳のときの経験を後に記したものでした。

磯田　軍旗を立てて、どこかの野蛮人をやっつけに行く。こういう陰惨な戦争から距離を置かなければ、とても自分を保てない。戦争から距離を置き、別の何かを探そう。そう考えたときに、万葉集をはじめとする古典を藤原定家は求めたのです。

中西　中国の政治家には、もともと「詩によって政治を行う」という概念がありました。日本では和歌です。だから勅撰集なんてものが作られるわけです。なぜ勅撰集なんて作るのかといったら、四書五経を尊重するのと同じで、詩が論理に替わるのですよね。ギリシャには哲人政治があり、中国には文人政治があり、日本には歌人政治があったのです。

磯田　まさに日本の政治は、歌人政治でしたねえ。日本では極めて長い時期にわたって多くの歌集が作られ、奈良時代や平安時代に六国史（日本書紀、続日本紀《しょくにほんぎ》、日本後紀、

＊25『明月記』
藤原定家が一一八〇～一二三五年までの五六年間の出来事を、漢文体で綴った日記。『新古今和歌集』撰者の一人であった定家が見聞した宮廷内の公事、当時の庶民の生活ぶりが記録された資料。

続日本後紀、日本文徳実録、日本三代実録）が編纂されてきました。日本人が発した言葉を束ねることによって、国土を統べてきたのです。

中西　宮中の人は、昔からみんな歌で気持ちのやり取りをしていましたからね。お誕生日の歌をスラスラ歌えるようでなければ、宮中にお嫁入りなんてできない。ヨーロッパにしても中世のついこの間まで、貴族たちはラテン語で普通に会話をしていました。それが文化というものです。

沖縄のシャーマン「ノル」「ノロ」

磯田　奄美や琉球の王権では、武力に頼らない稀に見る平和的な統治が、比較的最近まで継続していました。藤原定家が『明月記』で嘆いたのは、土地と武力をもった統治者が、暴力を原理として人々を束ねるようになった事態です。

「武士は刀をもっているから、ヘンに楯突くと、いつぶった斬られるかわからない。あの人たちは怖いから、仕方なく年貢を納めよう」という理屈立てが全国的に束ねられ、やがて「天下人」と呼ばれる信長や秀吉の政権ができていきました。

中西　武力に頼らない王権が、どうやって人々を束ねていたのか。道具として使ったのは武力や暴力ではなく、言葉であり詩のはずです。

磯田　言葉を宣《の》る。宣言することによって人に影響を及ぼすのが、奄美や琉球における政治であり、詔《みことのり》の世界でした。沖縄では本土にはない「ノル」「ノロ」というシャーマンの世界が展開されます。

中西　島津斉彬が攻めてきたとき、沖縄の人たちは驚いてノロたちを海岸に立たせ、呪言をかけさせました。薩摩藩の連中はキョトンとして、鉄砲を撃つのを一瞬ためらいます。しかるのちに「撃て！」と命令して、ドン！と撃ったら、ノロたちはみんな死んでしまいました。琉球人が営々として組み上げてきた平和的な言葉の世界を、力の論理によって、いとも簡単にぶち壊してしまったのです。

磯田　火縄銃ですべてをぶち壊す怖ろしい世界です。大河ドラマ「西郷どん」には、のちに西郷隆盛の妻になる愛加那が彼と出会った当初、彼に呪いの言葉を発する場面があります。「災いよ来い」と言えば相手は病気になると、愛加那は本気で信じていました。しゃべる言葉は予定明言であって、しゃべりさえすれば実現する。そのことを、心から信じていたのです。

詩人の過激性

中西　半ば言葉遊びのようでもありますが、「歌《うた》」とは「疑《うたが》う」「現《うたた》」と仲間の言葉でしょう。「疑わしい」ものでもあります。あいまいな感情を頭で考えこみすぎず、とりあえず率直に感情を歌にしてしまう。人間性の基本を歌にぶつける。それが歌人性であり、ギリシャで言う哲学に当たります。

文字の国・中国の皇帝は『康煕字典《こうきじてん》』*26など、辞書は熱心に作りましたが、歌集や詩集なんてものは作りません。詩を作る人間は、だいたいが反体制的だったり皇帝への反逆者だったりしますから、民衆がヘンに煽動されないうちに皇帝が殺してしまう。琉球のシャーマンを平気で撃ち殺した薩摩藩の人間にも通じる話です。

政府がおかしな動きをしていることに一番鋭敏に反応するのが詩人です。だから中国の詩人はたくさん処刑されています。詩や歌を重んじる芸術家は、民衆を統制したい権力者にとってもっとも厄介な存在なのです。反対に中国の聖人は童謡《わらべうた》に耳を傾けました。

磯田　その意味では、本当は詩こそが一番政治に近いのかもしれませんね。なにしろ誰よりも過激なのが詩人ですから。よく「歴史は政治的だ」と言う人がいますが、僕は歴史なんかよりも詩のほうが、よほど政治的だと思います。詩は本質に迫りますからね。

「あなた、靴を履いて」と叫んだ万葉の無名詩人

磯田　万葉集には、耳の底にいつまでも残る言葉がたくさんあふれています。小学生時代に読んで、今も耳底にこびりつく言葉があるのですよ。長野県の男の人が兵士に取られて、奥さんが詠んだ歌です。

信濃道《しなのぢ》は今の墾道《はりみち》刈株《かりばね》に足踏ましなむ沓《くつ》はけわが背《せ》（巻十四―三三九九）

＊26　『康熙字典』
清の康熙帝の命令によって編纂した字典。一七一六年に完成。四万七〇三五字もの漢字を部首の画数順に並べて音・意味・凡例を解説し、今日の漢和辞典編集法の基礎となった。

この歌には深い衝撃を受けました。夫が兵士に取られて、これから信濃路をゆかねばならない。道はさぞかしデコボコでしょう。兵士に取られた夫は、再び家に帰ってこれるかどうかもわかりません。そういう厳しい局面に置かれた妻が「あなた、靴を履いて！」と夫に向かって叫ぶのです。

中西　一三〇〇年前、名もなき夫婦が暮らす家庭でこういうものすごい言葉が放たれました。たとえ無名のまま死んでも、人の言葉は心を強く打ちます。これこそ万葉集の底力ではないでしょうか。

磯田　万葉集の歌の中では、やはり民衆の声が中心です。強いのはエリートやエスタブリッシュメント（支配層）の声じゃないんです。

中西　民衆が心底発した言葉が、何百年、一〇〇〇年、一三〇〇年という時空を超えてもなお人の耳の底に残る。これが万葉集の魅力です。

万葉集には、こういう味わい深い歌もあります。

馬買はば妹《いも》歩行《かち》ならむよしゑやし石は履《ふ》むとも吾《あ》は二人《ふたり》行かむ（巻十三―三三一七）

歩いて行くのが大変だからあなたに馬を買ってあげようと妻が言うのに対して、

私は楽だから良いとしても、お前は自分の足で歩かなければならないだろう。私はお前と二人でこれからも歩いて行きたい――この唱和の欲こそ名もなき民衆の心の叫びです。

お茶の間で庶民が読む万葉集

中西　万葉集はデスクの上だけで読む書物ではありません。万葉集は茶の間で読むのにふさわしい書物だと私は思っています。

いつもくつろぐ場所に万葉集を置いておき、事あるごとにページをめくってみる。すると必ず大きな力をもらえるはずです。

磯田　ウチの茶の間にあるのは、『家庭の医学』（保健同人社）とか諸橋轍次の『中国古典名言事典』（講談社学術文庫）あたりですかね……。ううむ、中西先生に言われて気づきましたが、磯田家は気づかないうちに、だいぶ儒教化されてしまったようです。これからは茶の間には万葉集を置いておかなきゃいけないなあ（笑）。

トイレには、小林一茶《こばやしいっさ》の俳句集を置いてあります。小林一茶は多作な俳人ですし、おもしろい句をたくさん詠んでいます。

中西　〈是がまあ　終《つひ》の住み処《か》か　雪五尺〉とか、いいですよね。

磯田　句集『七番日記』に入っていた句でしたか。

中西　もちろん万葉集を、デスクの上で読んで研究するのもいいですけど、万葉集からもらえるものは、知識人特有の高級な知識ではありません。民衆が発してきた声なき声であり、叫びです。だから研究もそれを明らかにする必要があります。
茶の間に万葉集を置いてパラパラ眺めながら、右から左へ忘れてしまったって、一向に構いません。忘れてしまったようでいて、万葉集の言の葉は深層心理、無意識下に着実に溜まっていくのです。

二十一世紀半ばに訪れる「第四の分岐点」

磯田　この対談のキーワードの一つは、「知性」「理性」「悟性」でした。人類が育んできた「知性」と「理性」は、残念ながらＡＩ（人工知能）によって少しずつ蝕《むしば》まれていくでしょう。ＡＩによる「知性」「理性」の侵食は、二十一世紀半ばにかけて次第に進んでいくと思います。

中西　ただし、ＡＩごときが「悟性」までも獲得するとは、とうてい思えません。

磯田　僕もそう思います。目標さえコンピュータに打ちこめば、ＡＩはあっという間に解決法を見出してくれるでしょう。でもＡＩには、「人間にとって何が幸せですか」「幸福とは何でしょう」といった問いへの方向づけすらできません。ＡＩは、幸福観や価値観そのものを生み出しはしないのです。

中西　その点からも、いま万葉集が大事でしょうか。日本史を振り返ると、少なくとも日本人は過去二回、戦国乱世のときと幕末明治のときと万葉集に立ち返っています。そして同時に、それ以後に素晴らしい文化の花を咲かせたことも知っています。この対談を通じて、私たちはそのことを確認してきました。乱世を生きる私たちがこれを克服できたとき、万葉集が活きるのです。

磯田　二十一世紀半ばにかけて、グローバリズムにおける日本の立ち位置はこれまでとは大きく変わっていくでしょう。ＧＤＰ（国内総生産）世界第二位だった日本は中国に追い抜かれ、これから日本のＧＤＰの世界シェアは、どんどん下がっていきます。超少子高齢化社会をどうやって生き抜けばいいのか、この深刻な問いへの解答は、まだ出ていません。

江戸の元禄時代に、当時の世界の人口の二〇人に一人が、この小さな島国で暮らしていました。二〇〇年前の江戸は、世界最大級の都市として平和と繁栄のときを過ごしています。グローバリズムの波にさらされながら、日本は世界史の中で、たくましく生き抜いてきました。

少子高齢化の変化を早い時期に経験できていることは、逆説的に日本の強みになるはずです。非西洋社会で近代化を最も早く経験し、そして非西洋社会で成熟社会化を最も早く経験する。こういう国は、東アジアには日本しかありません。

日本の経験は、これからの世界にとって大きく役に立ちます。日本人が原初的な時代にもっていた心そのものを、自身の心の鏡を写すように、いつでも見ることができる。それが万葉集という偉大な書物なのです。

「人類の救済の泉」として輝き続ける万葉集

中西　七世紀後半から八世紀後半にかけて編まれた万葉集と、平安以降に編まれた「二十一代集」（「古今和歌集」「新古今和歌集」など二一の勅撰和歌集）は、まったく異質です。端的に言って、「二十一代集」は「いかに美しく上手な歌を作るか」というところで、詠み人がしのぎを削りました。

磯田　万葉集はそうではありません。いかに人間味があふれているか、いかに人間を打つ力があるかという点だけが基準となり、歴史のふるいにかけられて生き残った歌だけが編まれているのです。

万葉集の歌には人間味が、これでもかこれでもかとばかりに詰まっており、古代の声が詰まっています。日本人がアルカイック（原初）回帰できる歌集は「二十一代集」ではありません。万葉集だけです。しかも万葉集は小説集でも物語集でもありません。一首一首の歌に、一呼吸ずつの瞬間的な出会いがあるのも魅力です。

中西　同感です。万葉集には多様性と「情」、そして「悟性」が満ちあふれています。「人間性の海」「詩情の塊」と言ってもいいかもしれません。二十一世紀を生きる我々が万葉集を再びひもとけば、永遠に普遍的な幸福観を再確認できるはずです。

さらに付け加えますと、万葉集は統一体ではありません。さまざまな人が、さまざまな時代に、さまざまな角度から作り上げてきた雑多なところが特徴です。

「雑」と言うと「その他」のような類別に感じられるかもしれませんが、そうではありません。「雑」には「多彩なるもの」「彩りが美しい」という意味あいがあります。「美しい」という美の概念でもあります。

また、万葉集は真っ先に「雑《ぞう》の歌」から始まりました。

磯田　素晴らしい分析に、深く感銘します。

中西　主人公と準主人公がいて、その他大勢がいる世界観ではない。真っ先に「雑」という価値観があって、無名の庶民、名もなき民衆の言葉と普遍性が、そこにはある。こういうあまりにも素晴らしい文化遺産は、外国にはありません。

外国に残る古代の文学といえば、英雄叙事詩や封建の征服史ばかりですからね。辛うじて中国で漢の時代に、朝廷が集めた「楽府《がふ》」という民間人の詩集があるくらいです。

私たちは「雑」の中に、まるで雑踏の中に身を隠すような安心感と安堵感を得ながら入りこんでいけます。これが万葉集です。万葉集は、これからもずっと十分に長い命を保ち、「人類の救済の泉」として、永遠に輝き続けるでしょう。

あとがき

このごろ、災いが多い。気が、めいってしまう。それで、わたくしは中西進先生にお会いしたくなった。こういうときは、目先の事ばかり考えていては、いけない。日本と日本人を、長い目、広い視点で眺めて、われわれの生き方を見つめなおすには、中西先生のお知恵を拝借するのが、よい、と思ったからである。日本人の心を、もっとも長いスパンで、見つめなおすには、日本人の心を写し取ったもっとも古い「文字列」である万葉集に立ち返らなければならない。世に、万葉集の研究者は多いけれども、中西先生は、ひとえに万葉集にだけお詳しいだけではなく、いつお話ししても、何をうかがっても、掌を指すように、正鵠《せいこく》を射抜いた答えが返ってくる。そのことは、これまでの会話経験で、わかっていた。

地震・津波・台風・高潮・洪水と、まるで、鴨長明《かものちょうめい》「方丈記」の世界を生きているような、今日の我々である。中西先生が、日本人の心を一番長いスパンで、読み取ることができる方である。わたくし磯田道史が聞き手になったり、話し手になったりしながら、わかりやすく話を運び、この国、日本で「生きる」ということについて、中西先生に、とっくり、うかがってみようというのが、この本の趣旨であった。

太古の人々の心や生き方をさぐり、災いの時代を生きる知恵を得るには、工夫がいる。わたくしの家では、中西先生の御本を読むようになってから、「どんな字病に気をつけよう」と申し合わせている。「どんな字病」というのは、どんな単語を音できいても、「それは、どんな字で書くのですか」と聞いてしまって、文字づらをみて、わかったつもりになってしまう病気のことである。

たとえば、「わざわい」という言葉から、日本人の心の奥底をながめるとき、どんな字病にかかって、漢字一文字で「災」という字をあててみても、たいしたことは、わからない。「わざわい」は古くは「わざはひ」である。「わざはひ」を分解すると、「わざ」プラス「はひ」である。「わざ」は「し・わざ」などというように、何かを引き起こす神の意志というような意味だと言われ、「はひ」は這うであって、将来、前方にむかって、蛇が進んでいくように、展開することを意味する。要するに、神だか人間だかの作為が先に向かって進んでいく過程で起きることが、災いではないか。

そうならば、古代日本人は「わざわい」を、現代人ほど極悪なものと考えていなかった可能性がある。幸いの語源は「さきはひ」であり、ただ純粋に、先《さき》に這《は》う。つまり、展開していけば、幸いであって、何か作為をもって展開すれば、「わざはひ」になる。幸いと災い、とは、古代日本人にとっては、このぐらいの違いであったのではないか。むしろ、余計な作為こそ、太古の人々にとっては、悪いものだったのではないか。こういう心の深層にせまる話を、中西先生には、ぶつけることができる。そして、必ず、いい答えが返ってくる。これが、中西先生との時間の醍醐味である。

災いは必ず来る。しかし、災いを受け止める我々の心のもちようは、とても大切なものである。心のもちよう如何によって、「災い転じて福となす」というように、「はひ」「はう」先にむかって、我々の命を有意義に展開していくこともできる。災いの頻発する、この時世にあって、そんな心の余裕のきっかけになればと思って、中西先生と共に、この本を皆様にお届けしたい。

磯田道史

【プロフィール】

中西 進

なかにし・すすむ（国文学者、国際日本文化研究センター名誉教授）

一九二九年、東京都生まれ。東京大学文学部卒業。同大学院修了、文学博士。筑波大学教授、大阪女子大学長、京都市立芸術大学長、帝塚山学院理事長・学院長、池坊短期大学長、日本学術会議会員などを歴任。宮中歌会始召人。日本学士院賞（一九七〇年）、瑞宝重光章（二〇〇五年）、文化勲章（二〇一三年）。日本比較文学会長、東アジア比較文化国際会議創始会長、日本ペンクラブ副会長ほかを務め、現在、全国大学国語国文学会長など。海外でもプリンストン大学客員教授、インド・ナーランダ大学復興に賢人会議・ボードの各メンバーとして貢献した（二〇〇七〜一七年）。著書『万葉集の比較文学的研究』（読売文学賞）、『万葉と海彼』（和辻哲郎文化賞）、『源氏物語と白楽天』（大佛次郎賞）、『万葉みらい塾』（菊池寛賞）、『中西進著作集』（全三六巻）など多数。

磯田　道史
いそだ・みちふみ（歴史学者、国際日本文化研究センター准教授）

一九七〇年、岡山市生まれ。慶應義塾大学文学部卒業。同大学院文学研究科博士課程修了。博士（史学）。茨城大学人文学部准教授、静岡文化芸術大学文化政策学部教授などを経て、二〇一六年四月より現職。全国各地の震災や津波の史料を、二〇年以上にわたって収集・研究してきた。著書『武士の家計簿』（新潮ドキュメント賞）、『殿様の通信簿』『江戸の備忘録』『天災から日本史を読みなおす』（日本エッセイスト・クラブ賞）、『素顔の西郷隆盛』など多数。『無私の日本人』所収の「穀田屋十三郎」が、二〇一六年に「殿、利息でござる！」として映画化された。二〇一八年に伊丹十三賞を受賞。

〔編集付記〕

万葉集の出典に関しては、中西進著『万葉集全訳注原文付』（全四巻）から引用した。脚註作成に際しては、オンライン辞書・事典データベース「ジャパンナレッジ」のうち、主に『日本大百科全書（ニッポニカ）』『改訂新版世界大百科事典』『デジタル大辞泉』『日本国語大辞典（第二版）』『国史大辞典』『日本人名大辞典』『新版　日本架空伝承人名事典』『情報・知識 imidas ２０１８』『現代用語の基礎知識２０１８』を参照した。

〔初出〕

第一章　「潮」二〇一八年四月号、五月号掲載の対談原稿に加筆・修正
第二～六章　本書のための語り下ろしを編集し、大幅に加筆・修正

潮新書 022

災害と生きる日本人

2019年　3月20日　初版発行

著　者｜中西　進
磯田道史
発行者｜南　晋三
発行所｜株式会社潮出版社
〒102-8110
東京都千代田区一番町6　一番町 SQUARE
電話　■ 03-3230-0781（編集）
■ 03-3230-0741（営業）
振替口座 ■ 00150-5-61090

印刷・製本｜株式会社暁印刷
ブックデザイン｜Malpu Design

ISBN978-4-267-02168-8